서문문고
245

변증법이란 무엇인가

하 이 스 지음
황 문 수 옮김

Wesen und Formen der Dialektik

by

Witsch

머리말

 이 책은 내가 수년 전 ≪모순의 논리학≫을 쓰기 시작했을 때 구상되었다. 이 책에서는 변증법적 현상의 해명과 변증법적 사실의 체계화를 위해 노력했다.

 오늘날, '변증법적' 또는 '변증법'이라는 말은 여러 가지 뜻으로 사용되지만, 그 뜻이 명료하거나 명확하지는 않다. '변증신학' 또는 '변증법적 유물론'으로부터 출발하는 사람은 '변증법적' 또는 '변증법'이라는 말이 신학적, 또는 정치적 개념과 관계된다고 믿기 쉽다.

 그러나 나의 견해로는 변증법은 현대적 사유와 의식에 매우 일반적인 특징이다. 따라서 변증법적 과정과 변증법적 현상을 매우 분명하고 독특하게 설명하는 것이 중요하다. 오직 근본적인 현상을 분석함으로써 우리들은 일반적으로, 때로는 막연하게 사용되는 변증법이라는 말의 뜻을 파악할 수 있을 것이다.

프라이부르크에서
로베르트 하이스

옮긴이의 말

 우리나라에서는 '변증법(辨證法)'하면 곧 유물변증법을 생각하지만 '변증법'은 결코 유물론자나 마르크스주의자들의 독점물은 아니다. 마르크스주의자들이 말하는 변증법은 그리스에서 철학이 시작된 이후로 연면히 이어져 온 변증법적 사고의 한 갈래에 지나지 않는다.
 서양의 사상을 이해하는 데 있어서 서양철학사에 나타난 여러 가지 변증법의 형태를 종합적·유기적으로 이해하는 것은 필수적인 과제라고 해도 지나친 말은 아닐 것이다. 헤겔이 지적했듯이 변증법의 시조가 헤라클레이토스라면, 변증법은 서양철학의 발생과 그 시대를 거의 같이하고 있다고 할 수 있기 때문이다.
 그런데 우리나라에서는 앞에서 말한 변증법, 곧 유물변증법이라는 오해 때문인지 마땅한 변증법 입문서의 발간을 보지 못했다. 유물변증법을 비판하려면 변증법에 대한 정확한 이해와 역사적 고찰이 전제되어야 함을 생각한다면, 좋은 변증법 입문서가 없다는 것은 큰 손실이라고 하지 않을 수 없다.
 여기에 번역 소개하는 하이스의 ≪변증법이란 무엇인가≫는 변증법의 이해를 위해 매우 적합한 입문서이다.

하이스는 다양하고 중요한 변증법의 형태를 꿰뚫는 본질이 무엇이고 그 형식은 어떠한가를 다루고 있다. 변증법의 본질과 형식을 이해하기에는 이 책만큼 요령 있는 책도 드물 것으로 생각된다.

하이스는 변증법의 본질을 규명하기 위해, 르네상스 이후로 변증법이 중요한 사고방식으로 받아들여지게 된 경위를 사상사적으로 규명하고 있기 때문에 변증법의 역사적 배경을 아는 데에도 크게 도움이 된다.

하이스는 하이델베르크 대학 철학 교수이면서 탁월한 헤겔 연구가로 널리 알려져 있고, 몇 편의 변증법 관계 저서도 있다.

이 책의 원명은 ≪변증법의 본질과 형식(Wesen und Formen der Dialektik)≫이고, 번역의 대본으로는 Kiepenheuer & Witsch 의 1959년 판을 사용했다.

1976년 7월
옮긴이 씀

※ 변증법이란 무엇인가

차 례

머리말 ··· 3
옮긴이의 말 ·· 5
제1장 논리학의 발달과 위기 ····················· 11
제2장 근대의 탈한계적 사유와 변증법적 현상 ······· 43
제3장 언어의 변증법적 현상 ····················· 111
제4장 인식의 방법적 도구로서의 변증법 ············· 175

변증법이란 무엇인가

제1장. 논리학의 발달과 위기

1. 형식논리학의 흥륭(興隆)과 몰락

철학은 서양 사상사에서는 항상 새로운 모습으로 등장한다. 모든 학문은 철학으로부터 나왔다고 흔히 말한다. 철학을 '학문의 여왕'이라고 불러 온 것이다. 기독교를 비롯하여 모든 정신적 운동은 철학과 협력해 왔고, 또한 그 철학적 '근거'를 찾아내거나 밝히려고 노력해 왔다.

최고의 의식으로서 한 시대는 철학에 있어서 정점(頂點)에 도달하고 따라서 이질적인 정치적 지배세력도 함부로 철학을 무시하지는 못했다고 사람들은 주장해 왔다. 정치적 지배세력은 철학과 맞서 싸우거나 철학과 화해하는 것이다.

이와 같이 철학은 고대 이래로 서양 사상에 동반되는 지속적 현상이다. 그러나 철학의 지속성에는 철학적 사유와 철학을 사실상 끊임없는 사유의 '운동'으로 만드는 최고의 역학(力學)과 불안이 있다. 철학은 다른 사유형식(思惟形式)과는 비교할 수 없을 정도로 끊임없는 변화를 겪어 왔다. 철학은 언제나 새롭게 꽃피고 새로이 시작되며, 한편으로는 앞선 것을 이어받는다고 믿고 있다.

적지 않은 철학자들이 혹은 불평하면서 혹은 자랑스럽게, 철학에는 결코 정지되지 않고 또한 확실한 지식이 되지도 않는 정신적 생산활동이 있다고 자인했다. 철학은 생산적이면서도 불안정하고 따라서 언제나 새로운 것을 원한다.

그러므로 키에르케고르는 철학을 끊임없이 껍질을 벗는 뱀—이 벗어 버린 껍질 속으로 보다 우둔한 추종자들이 기어든다—으로 비유했다.[1]

그러나 정신적 통찰의 끊임없는 교체와 변화에는, 비록 이러한 통찰이 다양하게 움직이고 마치 수천 개의 눈을 갖고 있는 것 같지만, 지속적 요소와 불변의 영속성이 나타난다. 그것은 바로 논리학이다. 논리학은 아리스토텔레스에 의해 그 기초가 다져졌고, 중세에 이르러 확고하고 배울 만한 학문으로 발달되었으며, 근대에 이르러 더욱 많은 사람들이 배우고 있다. 변화무쌍한 철학에 의혹의 눈길을 던지는 사람들조차 논리학의 불변성에는 놀라움을 금치 못한다. 아리스토텔레스의 여러 저술에서 공식화된 핵심은 아직도 통용되고 있다. 그는 형식논리학에서 그의 '사상적' 총괄(總括)을 발견했다. 그러므로 마치 배타적으로 계승되기나 하는 것처럼 아리스토텔레스의 논리학 이론은 중세를 거쳐 오늘날의 형식논리학 교과서에까지 계승되고 있다.

이와 같이 사실상 논리학은 철학의 심원한 계속성을 보여주는 것 같다. 설명의 형태가 바뀌었다든가, 처음에는 아리스토텔레스의 논리학에 대한 여러 논문으로 분산되어 있다가 후에 ≪올가논≫이라는 제목 밑에 총괄되고, 두번째로는 논리학 관계 논문으로, 세번째로는 교과서의 형태―반드시 동일한 형식을 취하고 동일한 형식으로 세워지지는 않았다―로 총괄되었다든가 하는 것은 중요한 것이 아니다.

논리학의 이론적 핵심은 동일한 것으로 남아 있다. 주요하고 핵심적인 이념은 이미 아리스토텔레스 시대에 나타나 있다. 이것은 '논리적' 진리의 이념, 곧 진리는 로고스(Logos) 안에 있다는 이념이다. 아리스토텔레스가 처음으로 공식화한 이러한 이념과 함께, 그리고 그가 이미 전개시킨 형식이 제시되자 논리학의 승리는 시작되었고, 이러한 승리는 서양의 사상운동의 소용돌이 속에서도 확고부동하게 계속되었다.

이때부터는 논리적인 것은 동시에 참되다고 말하게 된다. 비논리적인 것은 한계를 나타내며, 이 한계 밖에는 불확실한 것, 비진리가 있을 뿐이다. 이러한 관념은 의식의 일반적인 폭을 넘어선다. '비논리적'이라거나 '비논리적'으로 사유했다는 비난을 받으려는 사람은 거의 없는 것이다. 과학적·법률적 명제이든, 체계적 사유에 대한 명제이든, 일상적인 명제이든 간에 그 명제가 비논리적이라는 비난을 받으면 불신의 대상이 되는 것이다.

논리학과 논리적 사고는 서구 의식의 도그마가 되었다. 논리학은 지금까지 유지되어 오는 유일한 철학의 도그마이다. 아리스토텔레스가 이러한 도그마를 만들어 냈으며, 단테가 아리스토텔레스를 인류의 교사라고 부른 것도 이 점 때문일 것이다. 중세에는 논리학이 무제한한 타당성을 가졌고, 이에 어긋나는 조류는 전혀 성립될 수 없었다. 이러한 근거로부터 아리스토텔레스의 철학은 기독교에 의해 전적으로 받아들여졌다. 근대에 있어서도 이러한 국면은 계속되는 듯하다. 기독교에 대한 찬반, 여러 가지 세계관에 대한 찬반을 불문하고 논리학은 타당성을 갖고 있다.

논리학의 기원은 단순하다. 아리스토텔레스가 발달시킨 논리적 형식들은 그것이 형이상학에 기초를 두고 있지 않는 한, 본래 사유 형식에 대한 차폐물(遮蔽物)로 생각되었다. 다시 말하면, 논리학은 사상과 그 사유의 수행을 한정하고 확실하게 만드는 것이다. 아리스토텔레스의 논리학은 사유에 대한 일종의 감시인이다.

논리학의 기능은 여기에 국한되지 않는다. 아리스토텔레스의 논리학 관계 저술들이 후에 ≪올가논≫, 곧 '도구'라는 이름 밑에 총괄된 다음부터 새로운 명명은 이미 기능의 변화를 알려 주었다. 사유를 감시하는 법정에서 도구로 변한 것이다. 진리를 결정하고 일의적(一義的)으로 만드는 수단이었던 것이 진리 발견의 도구로 바뀌었다. 이제 논리학은 다만 진리의 검사에 그치지 않고 진리의 생산에 이바지하게 되었다.

이것은 논리학이 도달한 최고의 정점이었지만 이 정점은 오래 유지되지 않았다. 그후에도 논리학의 타당성은 흔들리지 않았지만, 이미 논리학의 영고성쇠가 시작되었다. 논리학의 몰락은 머뭇거리는 듯 서서히 시작되었으나 멈출 수는 없게 되었다. 이러한 몰락의 길 끝에는 새로운 상황이 놓여 있지만, 이 상황은 오늘날로 파악되거나 투시되지 않았다.

그러나 우리는 이와 같은 전개 과정의 경계선은 볼 수 있다. 최초의 조짐은 근대 철학 초기에 제기되어 이제는 일반화된, 형이상학에 반대하는 불평이다. 그러므로 데카르트도 종래의 논리학에는 불과 몇 줄을 할애하는 것으로 그쳤던 것이다. 데카르트가 방법론에 관한 논문에서 논리학에 대해, 논리학의 삼단논법과 기타 대부분의 이론은 알지 못하는 것을 파악하는 일보다는 이미 알고 있는 것을 다른 사람에게 설명하는 데 쓸모가 있을 뿐이라고 비판한 것은 타당하다.[2] 그는 피코에게 보낸 유명한 편지에서[3] 논리학을 연구하는 것은 마땅히 해야 할 일이지만, 강단논리학(講壇論理學)은 건전한 양식을 증대시키기보다는 오히려 부패시키므로 강단논리학을 배울 필요는 없다고 말했는데, 이 말은 배척적인 느낌마저 준다.

논리학은 진리를 위해 유용하기보다는 유해하고, 또한 논리학은 진리를 추구하기보다는 오히려 기성의 오류를 강화하는 일에 이바지한다고 베이컨이 말했을 때, 그는 데카르트와 거의 같은 어조로 논리학의 방법·개념·삼단논법 등에 관한 이론을 비난하고 있다.[4] 따라서 이러한 말을 통해 데카르트나 베이컨이 옛날부터 전해 내려오는 논리학의 이론에 충분한 주의를 기울이지 않았다는 것을 알 수 있다. 그러나 이러한 산발적인 비판보다 더욱 중요한 것은, 근대의 철학적 체계와 방향을 탄생시킨 논리학에 반대하는 심각한 전환이다.

방법·명상·규칙을 다룬 데카르트의 논문에는 다른 모든 논문과 마찬가지로 '진리'를 추구하는 의지가 나타나 있다. 그러나 이 의지는 논리학에 개의하지 않는다. 데카르트의 유명한 근본적 증명, 곧 이른바 회의적 증명(懷疑的證明)은 삼단논법의 증명과는 전혀 다르다. 이 증명은 이미 증명된 추리형식(推理形式)에 의해 확실한 것이 되거나 논리학의 근본적인 규칙으로 환원될 수 없는 것이다. 베이컨의 ≪올가논≫도 예로부터 존중되어 온 아리스토텔레스의 저술의 제목을 계승하고 있지만, 논리학의 규칙과는 전혀 관계가 없다. 파스칼 등 다른 사상가도 분명하게 언급하지는 않았더라도 사실상의 전통적 형태의 논리학에 반대하고 있다.

이러한 사상가들은 정신과 사고의 근원적 질서를 논리학의 규칙에서 찾을 수 있다고 믿지 않는다. 논리학이 만들어 낸 로고스의 형식적 질서는 이미 진리의 질서로 간주되지 않는다. 논리적인 질서를 갖고 있고 논리적으로 사고된 것은 모두 '참되다'고 하는 근본명제는 무너졌다.

강단논리학에 대한 혐오는 인식의 새로운 형식과 사고의 새로운 방법이 발견되어 실효를 거두게 된 사실과 관계가 있다. 진리에 보다 더 유용한 방법을 제공하는 것은 수학과 실험이라고 사람들은 믿게 되었다. 베이컨은 귀납법(歸納法)이 현실과 더 밀착되어 있고, 수학의 확실성은 최상의 것이라고 가르쳤으며, 레오나르도다빈치도 이미 이와 같이 말한 바 있다.[5]

현실에 대한 새로운 방향정위(方向定位)가 시작된 것이다. 로고스 자체와 진리의 이념이 붕괴되자 전통적인 논리학의 붕괴도 시작되었다. 진리를 산출하는 도구로서의 논리학의 성격은 명목상으로는 유지되었으나, 이제 논리학은 전달과 사고의 도구에 지나지 않게 되었다. 로고스에는 진리가 잉태되어 있고, 따라서 논리적 과정을 통해 진리에 도달할 수 있다는 로고스에 대한 신앙도 무너졌다. 그 대신 실험과 수학이 존재를 해석하고 존재의 진리를 탐구하는 도구로 등장한다.

한편 인식의 이념이 변화되면서 서서히 진리의 이념도 바뀌었다. 이제는 진리를 인식한다는 것은 더욱더 진리를 발견한다는 것을 의미하게 되었다. 형식논리학은 진리의 발견에는 소용이 없다는 반대론이 항상 제기되어 온 것이다. 그러므로 논증적인 논리학 대신에 '발명의 기술'이 추구의 대상이 된 것이다―그런데 발명의 기술이야말로 '참된' 논리학이다.

논리학은 천천히 퇴장한다. 그러나 논리학의 고유한 타당성은 의심받지도 않고 폐기되지도 않았다. 사람들은 종래의 논리학의 확장과 개조를 추구했다. 데카르트나 베이컨처럼 새로운 논리학을 세우려는 노력도 도처에서 일어났다. 그러나 새로운 방법 및 논리학에 대한 이러한 노력이 형식논리학의 체계에 필적할 수 없다는 사실이 곧 밝혀진다. 아무리 무시하려고 해도 형식논리학은 확고히 남아 있고, 형식논리학을 대신할 수 있는 것도 없었다. 옛 논리학의 새로운 전성기가 오는 듯한 경우가 허다했다. 따라서 라이프니츠 이래로 성립된 수학적 논리학과 논리계산(論理計算)은 형식논리학에 기원을 둔 인식의 신축물(新築物)이라고 할 수 있다.

그러나 옛날과 같은 의미의 형식논리학은 정체되었다. 형식논리학이 이전에 갖고 있던 힘을 다른 방법에 물려 주고 인식의 정상에 다른 방법이 등장한 다음부터 형식논리학은 부동의 상태에 머물러 있는 것 같다. 한편 형식논리학은 두번째 명성을 얻게 된다. 이에 대해 칸트는 다음과 같이 말한다.

'논리학이 이와 같이 확실한 길을 옛날부터 걸어왔다는 사실은 이 학(學)이 아리스토텔레스 이래로 조금도 후퇴할 필요가 없었던 것으로 보아 명백하다. 없어도 될 두세 가지 번잡한 논의를 삭제한다든지 혹은 서술된 사항을 좀더 분명히 규정한다든지 하는 것을 이 학의 개선이라고 본다면 문제는 다르다. 그러나 이러한 학은 공고하게 만들었다기보다는 오히려 이 학을 세련시키기 위해 필요한 일이었다. 더구나 논리학의 기이한 점은 이 학이 오늘에 이르기까지 조금도 진보하지 못하고, 따라서 외관상으로는 완결된 것으로 보인다는 사실이다.'[6)]

다음에 칸트는 논리학을 확대하려는 노력을 분석한다. 이때 그는 논리학을 수학적 논리학으로 개조하려는 노력—라이프니츠에 의해 시작되었다—에 동의하지 않는다. 그는 다음과 같은 결론을 내린다.

'논리학의 한계는 논리학이 모든 사고, 그 사고가 아프리오리(a priori)한 것이든 경험적인 것이든 간에, 또 어떠한 기원이나 대상을 가졌는가를 논하지 않고, 또 우리의 마음 가운데서 사고가 부딪히는 장애가 우연적인 것이든 자연적인 것이든 불문에 부치고 형식적 규정을 빠짐없이 설명하고 엄밀하게 증명하는 학문이라는

점에서 지극히 엄밀하게 규정되어 있다.'

 데카르트와 베이컨의 주장이 나온 이후 거의 2세기가 지나갔다. 논리학은 다시 복권(復權)되는 듯하며, 적어도 논리학이 철학의 유일하고 과학적이며 확실한 기준이라고 평가되는 한에서는 그 근원적 권리를 다시 획득하고 있다. '형식적'이라는 것은 논리학의 힘으로 간주된다. 이러한 제한에 논리학의 장점이 있으며, 또한 논리학의 확실성을 '논리학에 있어서는 오성(悟性)이 문제 삼는 것은 오성 자신과 오성의 형식뿐이다'[7]라는 점에 의존하고 있다는 것은 명백하다. 그러나 논리학에 대한 이러한 규정에 따른다면 논리학은 독특하다고 보아도 좋을 것이다. 형식논리학에 있어서는 오성은 오직 오성 자체나 오성의 형식과 관계하고 있을 뿐이다. 그렇다면 논리학은 사물과는 관계가 없는가? 형식논리학이 인식한 진리는 오성이 산출한 진리에 지나지 않는가?

 이러한 물음은 정당한 권리를 갖고 있으며, 칸트가 논리학을 규정하면서 생각했던 의견과 일치한 직접적으로 분명한 것은 아니다. 순수이성비판(純粹理性批判)이 상당히 진전된 다음에 비로소 왜 칸트가 이와 같은 방법으로 논리학을 규정했고, 또한 그가 논리학에 부여한 권리가 얼마나 애매한가 하는 점이 밝혀진다.

 논리학에 대한 이러한 적극적 규정은 보다 광범한 설명에 연결되는데, 이 설명에서는 칸트도 논리학을 한정하고 그 권리를 감소시키고 있기 때문이다. 비록 신중한 한정이고 비판이기는 하지만, 이 한정과 비판에는 역사적으로 발전해 오는 과정에서 논리학이 누렸던 권리의 붕괴가 적지 않게 드러나 있다.

칸트조차도 논리학과 논리학의 진리에 대한 요구를 제한하지 않을 수 없었다. 일반적인 '논리학'으로서 논리학은 종전과 마찬가지로 개념·판단·추리를 다룬다.

논리학의 불변의 요소들은 그대로 간직되지만 그 영토는 감소된다. 칸트는 수백 페이지를 할당하여 논리학은 오직 규정된 한계 내에서만 타당하다는 것을 증명한다. 그러나 칸트가 '가상(假象)의 논리학'이 있으며, 이 가상의 논리학에는 논리적 사고의 규칙에 의해서 '참되다고' 파악되거나 판단되거나 추리될 수 있다고 밝혔을 때, 논리학의 오래된 진리의 의념의 붕괴는 분명해졌다. 칸트는 ≪순수이성비판≫의 이 부분을 변증론(辨證論)이라고 불렀다. 이것은 로고스로 하여금 그 자연적 한계를 넘게 하는 논리학인 것이다.

'우리는 대상에 대해 근거 있는 지식을 논리학 이외의 것으로부터 미리 찾아내지 않는 한 단지 논리학에 의해서 대상을 판단하거나 대상에 대해 어떤 주장을 해서는 안 된다.'[8]고 칸트는 생각했다. 만일 이와 같이 하면 '변증법적 가상'이 발생한다.

그러나 칸트는 진리에 대한 논리학의 예전의 주장을

구제해 줄 수 있는 점을 다음과 같이 요약한다. '모든 인식은 그 형식에 있어서는 최우선적으로 논리학의 규칙에 의해 검사되고 평가되어야 하기 때문에' 일반적인 논리학은 '적어도 진리에 대한 시금석(試金石)은 된다'는 것이다. 논리학은 진리 자체의 적극적 담지자(擔持者)로 파악할 수는 없다. 반대로 이와 같이 파악하는 경우에는 논리학의 탈선이 시작된다.

칸트는 이와 같은 주장을 통해 논리학의 최초의 근원으로 되돌아갔고, 아리스토텔레스가 논리학의 기초를 세울 때에도 유사한 사상에 근거를 둔 것은 아닐까 하는 점에 대해서는 논의의 여지가 있다. 만일 그렇다면 칸트는 그의 논리학에 대한 규정에서 논리학의 발달 과정에서 획득한 권리를 재확인하는 것이 될 것이다. 그러나 이 경우에도 논리학의 위기의 중심점에 놓여 있는 근본적 위기는 여전히 나타난다. 곧 논리학에서 찾아볼 수 있는 로고스의 규칙이 단지 진리의 소극적 담지자에 지나지 않는다면, 진리의 적극적 내용은 어디에 있고, 진리의 적극적 핵심은 어디에 있는가?

결국 칸트는 그의 직접적인 선구자들과 마찬가지로 논리학을 불신했던 것이다. 칸트는 언어상으로는 조심스럽게, 그러나 실질적으로는 엄격하게 논리상의 악용을 막았다. 칸트 자신은 그후 이 장(章)을 끝맺고 선험철학(先驗哲學)에서 논리학의 악용을 한꺼번에 예방했다고 생각했다.

그러나 동일한 세기에 칸트의 해결에 만족하지 못하고 매우 놀라운 다른 진리의 이념으로 전환하면서 형식 논리학의 궁극적 붕괴를 선언하는 철학이 등장한다. 이제는 거칠고 공격적인 언어로 종지부를 찍고 종래의 논리학의 종말을 선언하는 것이다. 따라서 헤겔은 논리학이 아직도 소멸되지 않고 남아 있다면, '지금까지 논리학의 개념이 의존해 온 표상(表象)이 사라지고 있는' 시대라고 말한다. 교과서에 나와 있는 논리학의 형식이나 내용은 조소를 받기에 이르렀음을 알려 주는 것이다.[9]

전후를 막론하고 이와 같이 신랄한 심판이 가해진 적은 없었다. 이 심판을 전적으로 받아들일 수는 없다 하더라도 또한 옛 논리학의 옹호자가 다시 발언을 신청하게 되고 논리학의 새로운 건설을 위해 위대한 노력을 기울이게 된다 하더라도, 진리 개념을 논리학의 규칙에 묶어 두려는, 아리스토텔레스가 처음으로 세워 놓은 옛날의 난공불락의 구속성은 종말에 이르렀다는 사실만은 분명하다. 새로운 시대의 사고의 근원 속에서 하나의 새로운 진리 개념, 하나의 새로운 진리의 표상이 싹트기 시작했고 보다 충실하게, 그러나 아직도 예측할 수 없는 발전을 하고 있다.

2. 형식논리학의 전통적 형태

한 면에 있어서는 확고부동한 것 같지만 다른 면에 있어서는 언제나 만족스럽지 못하다는 것이 입증되는 논리학의 내용은 도대체 무엇인가?

최신간의 형식논리학 교과서를 펴보면 네 가지 중요 부분이 있다. 곧 개념론·판단론·추리론, 이 세 부분에 '논리적 법칙'을 다루는 넷째 부분이 덧붙여진다.

신간 논리학 교과서만이 아니라 옛날의 논리학 교과서에도 이러한 네 가지 근본 주제가 포함되어 있다. 형식논리학의 가장 화려한 부분은 추리론이다. 이 부분에 있어서는 아리스토텔레스 이래로 그 형식이 전혀 변하지 않았다고 할 수 있을 것이다. 추리론에서는 아리스토텔레스가 발전시킨 것을 모든 현대 논리학에서도 그대로 전개시키고 있다. 아리스토텔레스가 세워 놓은 세 가지 추리형식에 갈렌으로부터 비롯된 넷째 형식이 추가되기는 했으나, 이러한 보충이 아리스토텔레스의 이론을 조금이나마 변경시키지는 못했다.

추리론, 특히 삼단논법의 이론은 '논리의 법칙들', 이른바 모순율(矛盾律)과 밀착되어 있다. 논리학에서 말하는 추리는 이 법칙을 존중할 때에만 가능하다. 이 법칙의 타당성에 따라 형식논리학의 존폐가 결정된다.

삼단논법은 두 개의 판단으로부터 제3의 판단을 '이끌

어내는' 사고 및 인식의 과정이라고 말한다. 수세기 동안 이러한 추리의 본보기로 다음과 같은 것을 들었다.

모든 사람은 죽는다. 가이우스는 사람이다. 그러므로 가이우스는 죽는다.

흔히 지적되고 또 설명되고 있는 일이지만, 형식논리학의 기초를 이루는 진리 개념의 본질은 추리의 본질에서 명백히 드러난다. 따라서 무엇이 추리의 본질을 결정하는가를 우선적으로 검토할 필요가 있다. 사고의 특성을 보여 주는 사고의 기능은 추리의 본질에서 구체화되기 때문이다. 추리한다는 것은 사상의 순서를 정하는 것을 말한다. 추리는 타당하게 판단된 사상으로부터 또 다른 사상을 전개시키는 사고의 계열을 말한다. 판단으로부터 논리적으로, 곧 강제적으로 제3의 판단이 생기는 것이다.

논리적인 사고의 계열로서의 추리는 규정된 조건 밑에서 기존의 사상으로부터 어떻게 또 다른 사상이 생기는가를 가르친다. 논리학의 진리 개념에 있어서 가장 근본적인 것은 모든 사고의 계열에 논리적인 것이 아니고 올바르고 참된 사고에 도달하려면 반드시 규정된 규칙을 지켜야 한다는 것이다.

그러므로 추리론에서는 판단과 개념에 관계되는 경우

에는 참된 사고와 거짓 사고를 다루게 된다. 따라서 한편에 있어서는 개념 및 판단 형성의 기초가 되는 것에 규칙이 있어야 하고, 또 한편에 있어서는 어떤 추리가 참이고 거짓인가를 보여 주는 것에서도 규칙이 발견되어야 한다.

'한 가지' 조건이 모든 다른 조건보다 우선한다. 곧 사용된 사고의 형식이 '일의적(一義的)'일 때에는 논리적 진리에 도달할 수 있다. 추리는 이 점을 가장 현명하게 보여 준다. 사용된 개념이 모두 일의적인 경우에만 추리는 타당한 것이다. 따라서 모든 추리에서는 세 개의 개념이 사용된다는 점을 이미 아리스토텔레스가 지적하고 있다. 앞에 예로 든 추리에서는 가이우스, 죽는다, 사람 등의 개념이 사용되고 있다. 대전제로서 추리보다 선행되는 판단은 각기 이 개념들 중의 두 개를 결합시킨다. 여기서 이른바 매개념(媒槪念)을 통해 제3의 결합이 이루어진다. 처음에는 '사람'과 '죽는다'는 개념이, 다음에는 '가이우스'와 '사람'이라는 개념이 결합되고, 결론에서는 '가이우스'와 '죽는다'는 개념 사이의 또 다른 결합이 이루어진다.

기초적인 개념이 일의적이어야 하듯이 판단에 의한 개념들의 결합도 일의적이어야 하며 또한 추리에 있어서의 판단의 결합도 일의적이어야 한다. 이 점에서 논리학의 근본적 법칙들이 작용하게 된다. 동일율(同一

律)·모순율·배중률(排中律) 등 유명한 법칙들이 있는데, 이 법칙들이 개념 판단 및 추리의 일의성(一意性)을 보장한다. 논리학에서는 언제나 일의적인 개념, 일의적인 판단, 일의적인 추리가 요구된다. 아리스토텔레스로부터 칸트에 이르기까지 이와 같은 일의성이 있는 경우에만 진리가 성립된다고 주장되어 왔다. 그리고 이러한 요구는 단순하면서도 정당한 것이다. 애매한 사유는 진리를 산출하지 못하기 때문이다.

그러면 여기서 말하는 일의성은 도대체 무엇인가? 대답은 간단한 듯하다. 오직 한 가지 사물만을 지시하고 이 사물을 다른 사물로부터 정확하게 구별해 주는 개념이나 판단이나 추리만이 일의적이다. 이와 같은 방식으로 사물이 규정되는 경우에만 거기서 발견되는 것이다. 그러므로 논리학의 진리 개념은 어떤 것을 '일의적으로' 규정한다는 점에 의존하고 있다. 사물이 애매해지거나 애매하게 표현될 때 논리학의 진리개념은 사라진다.

그러나 일상어의 낱말들은 다소간에 애매하다는 일상적인 경험은 이와는 어긋난다. 현실의 언어는 원래 일의적인 도구는 아니다. 질문의 경우에서 보듯이 일의성 따위에 구애되지 않는 무수한 형식을 갖고 있다. 현실의 언어는 애매한 개념을 사용한다. 일상적인 사고의 적지 않은 부분이 다의성(多義性)의 영역 내에서 이루어 진다.

그러므로 논리학의 언어에는 진리만이 아니라 비진리도 깃들어 있다고 가르친다. 그러나 이와 같은 근거로부터 일상 언어가 참된 것이 되려면, 일상 언어에 일의성을 보장하는 규칙을 부여하지 않으면 안 된다고 말하게 된다. 이때 비로소 언어는 진리의 도구가 된다고 한다.

이것은 잘 알려진 자명한 사실이다. 이러한 일을 새로이 논의한다면, 오직 논리적인 진리 개념의 본질을 한정하기 위해서인 것이다. 논리적 진리 개념은 다음과 같은 표상(表象)에 의존하고 있다. 곧 일의적인 개념, 일의적인 판단에 근거를 두어서 분명한 방식으로 새로운 판단을 이끌어 낼 수 있는 사고의 계열이 전개될 때에만, 진리는 현존하며 진리는 발견된다고 한다.

그러나 실제의 사고, 아니 인식적(認識的) 및 생산적 사고조차도 이러한 요구에 개의치 않는다는 사실을 쉽게 알 수 있는 일이다. 일상적인 사고와 마찬가지로 인식적 및 생산적 사고도 다른 형식에 따라 진행되는 것이다. 이러한 사실은 우리가 거의 언제나 삼단논법을 사용하고 있는 것은 아니라는 사실을 보여 주고 또한 개념·판단, 또는 추리로써는 파악되지 않는, 예컨대 연언(連言)·선언(選言)·물음 등 여러 가지 다른 종류의 사고 형식이 있다는 것을 명백하게 보여 준다.

그러나 이러한 반대는 논리학자를 괴롭히지 않는다. 참된 사고는 일상적인 사고나 일상어에 의한 사고가 아니라고 논리학자는 말한다. 언어에는, 논리학에 있어서는 아무런 역할도 하지 못하는 형식도 있다는 사실은 진리 개념에 대해서는 조금도 중요한 것이 아니다. 사고나 언어 '그 자체'가 참된 것이 아니라. 오직 논리의 법칙을 지키는 사고와 언어만이 참된 것이다. 그러나 이러한 주장을 증명해 주는 증거는 다시금 모든 '참된' 사고는 '논리적' 형식을 사용하고 있다는 사실에서 찾게 된다.

그러면 이 경우 진리란 무엇인가? 분명히 논리의 법칙에 맞도록 올바르게 사고되고 또한 올바르게 표현되고 올바르게 추리된 것을 가리키고 있다. 그러므로 논리학은 진리의 이론일 뿐 아니라, 사고에 대한 이론의 기초가 된다. 논리학은 '올바른' 사고를 취급한다. 그러면 타당성은 어디에 나타나는가? '일의적으로 수행되는' 사고에 나타난다고 논리학은 가르친다.

그러나 다음과 같이 물을 수 있다. 곧 사고는 원래부터 일의적인 것인가? 현상(現象)의 다의성과 대립시켜 생각할 때 사고는 일의적일 수 없는 것이다. 그러나 이러한 반론은 논리학자에게는 중요하지 않으며, 오히려 논리학자의 입장에서 본다면 이러한 반론은 그들의 입장을 확인하는 것이다. 현상이 이와 같이 다의적인 한 그것은 참된 것도 참되지 않은 것도 아니다. 곧 이러한 현상은 변증법적, 다시 말하면 이의적(二儀的)이다. 이러한 현상이 언어나 사유에서 어떤 역할을 맡는 한, 진리를 허용하지 않는다. 왜냐하면 일정한 전개를 보이지 못하기 때문이다. 이러한 현상은 참된 것의 피안(彼岸)에 있는 중간 영역에서 부동(浮動)한다.

따라서 논리적 사고는 진리적 사고의 일정한 순서이며, 이러한 사고의 순서에 있어서는 이미 수행되고 선행(先行)된 사고로부터 일의적으로 사고의 모든 새로운 단계가 도출(導出)된다. 논리적 진리 개념에는 일의적인 개념 규정을 근거로 새로운 개념 규정을 세우고 일의적인 판단을 근거로 새로운 판단을 세우는, 온갖 이의성(二儀性)을 제거하는 사고형식이 포함되어 있다.

그런데 이것은 모든 학문과 모든 인식의 기초인 것처럼 보인다. 학문과 인식은 선행된 판단과 인식 위에 정연하게 판단과 인식을 겹쳐 가는 방식으로 발달하는 것이다. 이렇게 함으로써 우리는 논리적으로 빈틈없는 일의적인 순서에 따라 과거로부터 미래에 도달하고 체계적으로 완결된 사고형식을 체험한다.

그러나 많은 학문이 이러한 인식 및 학문의 표상으로부터 멀리 떨어져 있는 것 같다. 비단 철학만이 이러한 일의성을 갖고 있지 못한 것은 아니며, 철학만이 전에는 타당하다고 여기던 것을 1세기 후에는 비난하는 것은 아니다. 역사의 경우도 마찬가지인 것이다. 학문의 역사는, 특히 근대적 사고의 공간(空間)에서는 논리학이 요구하는 연속성은 결코 보여 주지 못한다.

왜 연속성이 없는가? 엄격한 논리학자의 입장에서 보면 사정은 단순하다. 논리학의 요구를 충족시키는 학문은 소수에 지나지 않으며, 흔히 학문의 철학이나 역사처럼 논리적인 의미에서 사실상 학문인지, 그리고 사실상 '진리'를 소유하고 있는지를 의심할 때에만 연관성을 갖게 된다.

그러나 일의적으로 전개되어 온 진리라는 관점에서 현대 과학의 발전 과정을 검토하면 할수록 논리학의 관점에서 보면 엄밀한 과학의 발전조차도 소망에 어긋나는 바가 있다는 것을 더욱더 부정하기 어렵게 된다. 분명히 피타고라스의 법칙처럼 수천 년 전과 마찬가지로 오늘날도 일의적이며 타당한 법칙이 있기는 하다. 최초의 법칙으로부터 빈틈없는 순서에 따라 이끌어 낼 수 있는 규칙도 있기는 하다. 그러나 전체적으로 학문의 발달은 언제나 일의적인 진리로부터 새로운 진리를 이끌어 내는 과정을 밟아 온 것은 아니다.

과학적 사고의 이러한 계속적인 전개에는 언제나 비연속성이 섞여 있다는 것을 부정하는 사람이 있다면, 그것은 사고의 현실을 외면하는 것이라고 할 수 있다. 과학적 사고의 거대한 계열은 다른 사고과정으로부터 생기는 것이다. 종전에 진리로 통용되던 것과는 반대되는 것, 어긋나는 것, 심지어는 모순되는 것으로부터 새로운 사상이 파악된다는 것이 인식의 특징이다.

근대의 사고의 역사는 무엇보다도 흔히 종전의 지식이나 종전의 경험과는 전적으로 모순되는 현상이 나타나는 경우, 어떻게 새로운 과학이 시작되었는가를 보여 주고 있다. 종전에는 '이의적'인 것으로 여겨지던 사상에 새로운 발전의 영역이 있으며, 이 사상은 생산적인 싹이 간직되어 있는 장소인 것이다.

인식 과정은 논리학이 인식에 대해 지시하고자 하는 일의성을 준수하지는 않으며 이의적인 현상에 과학 발달의 근원이 있다. 아직껏 진술되지 않은 진리가 여기에 갖추어져 있다. 이 진리가 발견되어 어떤 과학에 의해 일의적인 표현을 얻게 되면 이 진리는 논리적 진리의 형식을 가질 수도 있다.

이와 같은 고찰에 직면하여 진리의 본질은 논리학의 기초가 되고 있는 표상에 남김없이 드러나는가 하는 문제가 제기된다. 때로는 현존하는 진리가 일의적으로 파악된다는 데 동의한다 하더라도 모든 과학의 역사를 보면 과학의 최근 과정은 의심스럽고 이의적인 것으로 나타날 수 있다는 사실이 밝혀진다. 그러나 이와 같이 의심스럽고 이의적인 것으로부터 새로운 진리가 생기는 경우, 이 진리는 흔히 옛 진리의 적이라는 사실이 드러난다.

근대와 함께 시작되어 그후로 줄곧 계속되고 있는 일

이거니와 사고가 격심한 동요와 발전을 겪고 있는 시기에는 논리적인 진리의 개념에 대한 불신이 조장된다는 것은 이해할 만하다. 사고와 인식의 발전에 항상 주목하고 또한 어떻게 종전의 진리 개념이 탈한계(脫限界)되고 새로운 진리가 나타나는가를 체험한 사람은 일의적으로 고정된 진리에서 진리의 본질을 찾지는 않을 것이다. 이러한 사람들은 그때그때의 고정된 일의적 진리는 이미 드러나 있는 한 부분에 지나지 않고 다른 부분은 이의성과 의문 속에 감추어져 있을지도 모른다는 문제에 직면한다.

이러한 의견은 어쨌든 드러나 있는 진리는 일의적이라는 데 동의하고 있으므로 논리학자는 이 의견과도 타협한다. 그러나 논리학자는 '이의적'이고 아직 '고정되지 않은' 진술에도 진리가 있다는 주장과는 타협할 수가 없다.

이의적이고 아직 고정되지 않은 진술에도 진리가 있다는 것이 바로 변증법의 의견이다. 여기에 변증법적 문제가 있고 변증법과 논리학의 대립이 있다. 이의적인 것에도 진리가 있을 수 있다는 의견을 옹호하는 경우, 반드시 변증법적 사상이 나타난다. 아리스토텔레스는 논리학을 창설하면서 진리의 한계를 항구적으로 규정하려고 했다. 그러나 논리학이 더 발달함에 따라, 특히 근대가 시작되면서 새로이 변증법적 문제가 대두되는 것이다.

3. 형식논리학과 변증법

형식논리학이 패권을 잡은 다음부터 변증법은 그늘 속에 묻혀 있었다. 논리적 사고의 일의적이고 고정되고 확고하며 확실한 진리를 위해 변증법적 사고는 뒤로 물러나야 했다. 사고는 '논리적' 사고로 한정되었다. 논리적 사고에는 진리가 드러나지만 변증법에서는 진리를 찾아볼 수 없는 것이다.

그러나 변증법이라는 말과 개념은 오래된 것이다. 변증법이라는 말 밑에서 형태를 갖추게 된 것은 그 근원을 그리스 말 디알레게스타이(dialegesthai)에서 찾아볼 수 있는데, 이 말은 그후 라틴어와 다른 말에서는 디알레티스(dialectice)와 디알레티쿠스(dialecticus)로 변했다. 그러나 이 말의 단순하고 근원적인 의미는 '담화하다', '협의하다', '분석하다' 등의 뜻을 갖고 있는 디알레게스타이(dialegesthai)에 나타나 있다.

입론(立論)과 반박에 가장 잘 드러나는 바와 같이, 대화·담화 및 토론의 형식적 특징은 사실의 '분석'이다. 두 논자가 다른 입장과 다른 주장을 옹호하는 논쟁을 벌이는 경우 가장 날카로운 분석이 행해진다.

특히 그리스인이 즐겨 사용한 사고 형태인 논쟁은 변증법에 보다 광범한 의미를 부여한다. 변증법은 논쟁을 수행하고 한 입장을 다른 입장에 대해 옹호하는 기술이다. 변증가(辨證家)는 이러한 기술에 익숙한 사람이며, 이러한 기술에 익숙하여 논쟁에 승리할 수 있는 능력을 가진 사람이다. 키케로 등에 의하면 디알레티쿠스(dialecticus)는 이러한 능력에 정통한 사람, 또 이러한 능력을 가르치는 사람이다.

독백(獨白)과는 달라서 변증법적 대화는 직선적, 또는 연역적(演繹的)으로 전개되는 것이 아니라 여기저기로 움직여 나가는 사고의 운동이 더욱 강하게 나타나고, 주장과 반대의 대립이 나타나며 따라서 모순에 넓은 영역을 제공하게 된다. 독백은 사상을 일정한 순서에 따라 따로따로 전개시키며 사상과 사상을 결합하지만, 이와는 다른 방식으로 움직여 나간 변증법적 대화에서는 무엇보다도 다른 사상으로부터 정연하게 추리되는 사상에서만 진리를 발견할 수 있다는 주장이 부정된다. 다른 사고의 계열이 전경(前景)에 등장하며 긍정적이고 일의적인 결론을 대신하여 이의적이고 지양적(止揚的)인 결론이 생긴다. 특히 플라톤, 소크라테스의 대화는 이러한 사유의 본질을 보여 준다. 이 대화는 체계적인 연역을 하지 않는다. 한 명 또는 여러 명의 대화 상대자를 끌어들임으로써 대립적인 변형(變形) 가운데서 테마를 전개시킬 가능성이 생긴다. 그러나 언어상의 승리를 도모하는 논쟁과는 달라서—논쟁에서는 어떤 의견을 타당화하거나 어떤 주장을 승리로 이끌려는 의지가 지배적이다—변증법적 대화라는 형식은 진리의 입증을 그 목적으로 삼는다. 변증법적 대화는 의견의 대립을 바탕으로 모순되는 것을 올바르게 비교함으로써 진리에 이르는 길을 발견한다. 그러므로 소크라테스는 그의 대화술의 특징을 산파술(産婆術), 곧 참된 것의 탄생을 돕는 기술이라고 했다.

변증법적 대화는 원래 비구속적이고 무제한한 대화여서 논리학이 접근할 여지가 없다. 소크라테스의 대화의 형식에서는 변증법적 대화는 진리 발견의 이념에 종속된다. 그러나 여기서 말하는 진리는 다양한 사상적 가능성이 조화를 이루는 사상의 발전을 가리킨다.

본래의 논리학이 비구속적이고 무제한한 사고를 한정하고 언어와 사유의 비구속성으로부터 언어와 사고를 보호하는 규칙의 체계인 한, 본래의 논리학은 변증으로부터 발전된 것이다.

그러므로 그리스의 사상에서는 논리학의 기초를 닦아주는 것이 언제나 변증법의 운명이었다. 그리스 사상의 논리학 순서에 대한 설명, 그리고 논리적 진리의 규칙 및 근본 원칙에 대한 분석과 함께 이러한 진리는 모든 사고의 목표로 등장한다.

그러나 그후 변증법은 '참된' 사고의 변두리에 놓이게 된다. 현실의 사고와 언어가 변증법적인 것이 되려고 하면 할수록, 논리학의 안목으로 보면 이러한 사고는 더욱 참된 사고가 아니다. 변증법에서 나타나는 사고의 운동은 위험한 것으로 진리의 한계를 넘어서는 사고 능력이다. 아리스토텔레스는 궤변(詭辯)에 대한 논문에서, 2천 년 후의 칸트는 그의 '선험적 변증론(先驗的 辨證論)'에서 이 점을 입증한다.

고대로부터 전해 오는 개념이 보여 주듯이 논리학과 변증법은 우선 그 인식과 사유에 있어서 화법상(話法上)의 그리고 언어상의 인식으로 이해되었다는 점에서 공통된다. 둘 다 '로고스'에서 발견되는 인식과 진리를 다루었던 것이다. 그러나 근대의 시작과 함께 다른 형태의 인식이 등장한다. 곧 수학적 기호에 의한 사고와 실험적 작업이 광범하게 나타난다.

이제 여기에 새로운 인식이 개화(開花)하면서 언어적 사고로서의 사고는 훨씬 후퇴하지 않을 수 없다. 언어적 및 사변적(思辨的) 진리는 수학적 및 실험적 진리에 자리를 내주는 것이다. 진리에 대한 다른 근본적 관념이 성립된다. 갈릴레이, 케플러 등 자연과학자와 데카르트, 베이컨 등 철학자는 논리학의 권위에 도전한다. 그리고 논리학과 변증법을 동일시하고 수학적·실험적 진리에만 의존하는 사고가 시작된다.

따라서 초기의 철학자들은 그들의 소망대로 수학적 또는 실험적 확실성에 의존하게 된다. 철학자는 라이프니츠나 스피노자처럼 계산을 하거나 베이컨처럼 실험을 하게 된 것이다. 철학자로서 계산도 하지 못하고 실험도 하지 못하는 자는 다른 인식의 형식을 위해 양자를 보류한다.

이와 같이 무미건조한 입장 중에서 가장 주목할 만한 것은 새롭고 확실하며 그 추리가 일의적인 철학의 방법을 발견하려는 데카르트의 노력이다. 그는 철학의 새로운 기초를 다지려는 그의 열망을 논리학에 맡겨 놓지는 않았는데 이것은 이해할 만하다. 그는 그 확실성에[10] 있어서 기하학적 방법에 필적하는 새로운 방법을 원하고 또 추구했으며, 또한 후에 칸트가 그랬던 것처럼 '그 모범을 자연과학자에게 찾을 수 있는 방법'[11]을 찾고자 했다. 그 결과는 매우 주목할 만하다. 데카르트는 철학의 기초로 철학사에서 끊임없이 인용되는 그의 유명한 회의적 증명을 내세운다. 이 증명의 주요한 내용은 '나는 생각한다. 그러므로 나는 존재한다'는 원리이다. 그 내용보다 더 중요한 것은 이 증명의 형식이다. 우리가 지금 사고의 발전이라고 생각하고 있는 것을 데카르트는 사고의 실험이라고 보았을지도 모른다. 그러나 언어상의 전개 방식은 논리적인 것도 수학적인 것도 아니고, 오히려 그 형식은 변증법적이다.

증명된 원리는 '나는 생각한다. 그러므로 나는 존재한다'는 것이다. 그러나 데카르트에 의하면 이러한 증명은 '나는 모든 것을 의심한다'는 계열적(系列的)인 사고의 운동으로부터 시작된다. 그리고 데카르트는 모든 것에 회의를 나타내고 모든 것에 대한 회의를 끝까지 관철하려고 노력하면서, 또한 그는—언어상으로는—수학의 확실성, 신의 확실성 등을 의심하면서, 한편 이러한 사고의 수행에 있어서 회의는 변함없이 남아 있다는 것을 경험한다. 그러므로 '결론'은 회의하는 가운데 나는 생각하고 나는 생각하므로 존재한다는 것이다.

데카르트는 모든 사고하는 자는 존재한다—나는 사고한다—그러므로 나는 존재한다는 논리적인 삼단논법의 형식을 선택하지는 않았다. 그는 다른 형식, 곧 나는 모든 것을 의심한다—나는 모든 것을 의심할 수 없다는 변증법적 형식을 선택했다.

그러나 그의 철학의 기초를 놓은 첫걸음에는 변증법적 원리가 작용하고 있다는 것을 알지 못했다. 헤겔처럼 변증법적인 훈련을 받고 스스로 핵심에 있어서는 데카르트와 유사하다고 느끼고 있던 사상가조차도 회의적 증명의 변증법적 내용에는 착안하지 못했다.

한편 데카르트는 그의 변증법을 바탕으로 하는 사고과정을 궁극적인 일관성에 이르기까지, 역설적 결과에 이르기까지 관찰하지 않았다고 오해해서는 안 된다. 데카르트도 '나는 모든 것을 의심한다. 나는 나의 회의를 의심한다. 그러므로 나는 나의 회의를 지양하고 더 이상 의심하지 않는다'고 결론을 내릴 수도 있었을 것이다. 이와 같이 사고를 수행한다면, 변증법이 숨김없이 직선적으로 나타난다.

데카르트는 이러한 형식으로 변증법이 비약을 함으로써 '나는 생각한다. 그러므로 나는 존재한다'는 제1원리에 도달할 수도 있었을 것이지만, 그는 이러한 형식을 선택하지 않았다. 그는 다른 형식을 선택했고, 따라서 자신의 사고에 대한 회의는 불가능했다. 그러므로 그는 변증법적으로는 중도반단에 그쳤다. '방법적 회의'를 중단하고 그 다음부터는 종전의 다른 철학자들처럼 다음 인식을 차례차례 연역해 냈었다.

근대 철학의 성과 중에서도 데카르트의 성과에 이제 막 시작된 사고의 분열 현상이 가장 분명하게 나타나 있다. 이와 같이 분열된 사고는 실험과 수학을 신뢰하고 실험과 수학에 진리관념의 근거를 두고 있고, 또한 논리적 진리를 불신하는 것과 마찬가지로 변증법적 진리개념도 믿지 않는다. 그것은 결국 논리학과 변증법의 중간에 위치하는 것이다. 논리학이 권위를 잃고 데카르트가 논리적 기초 위에 철학을 세운다는 것은 불가능한 일이라고 생각하는 동안에, 한편에서는 변증법 사고가 아직은 한정된 현실성을 획득하기 시작한다. 변증법은 그때까지 놓여 있던 그늘 밑에서 벗어나기 시작한다.

㊟
1. 키에르케고르 《일기》

2. 데카르트 《방법론서설》
3. 데카르트 《철학의 원리》
4. 베이컨 《노붐, 올가논(新機關)》
5. 레오나르도 다 빈치 《서한집》
6. 칸트 《순수이성비판》
7. 칸트 《순수이성비판》
8. 칸트 《순수이성비판》
9. 헤겔 《논리학》
10. 데카르트 《성찰》
11. 칸트 《순수이성비판》

제2장. 근대의 탈한계적(脫限界的) 사유(思惟)와 변증법적 현상

1. 코스모스의 탈한계(脫限界)

데카르트의 세계로부터, 그리고 그가 그의 시대 전체를 생각하는 기준으로 삼고자 했던 그의 철학적 의식으로부터 회의적 증명(懷疑的證明)을 제거한다면, 그는 기묘하고 이해하기 어렵게 된다. 그러나 이 단계를 철학적으로, 다시 말하면 포괄적으로 사고하는 노력을 새로이 형성하고자 하는 신중하고 주의 깊은 첫단계라고 이해한다면, 여기에서 아직은 탐색적이지만 새로운 종류의 사고가 시작되었음이 분명해진다.

모든 것에 대한 회의는 방법적 조치로서 새로운 진리의 이념의 접근을 보여 주고, 새로운 진리 이념에 따라 종전에 참된 것으로 통용되던 것은 모두 재검토되어야 한다. 옛 논리학에 대한 불신, 새로운 사고에 대한 신뢰, 점진적으로 철학 전체를 개조하고 낡은 진리와 새로운 진리를 통일하려는 노력 등은 무엇보다도 새로운 사고의 본질을 보여 주는데, 새로운 사고는 필연적이고 전진적인 사고로 이해되기를 바라고 있는 것이다.

따라서 회의적 증명과 데카르트의 철학에서 일어난 일은 고립된 일이 아니다. 데카르트가 시작한 일은 뒤에 말하는 바와 같이 보다 광범한 근본적 사건에 속하는 것이다. 이러한 뜻에서 사람들은 데카르트에 의해 나타난 근대 의식(近代意識)을 흔히 인간의 자율성의 의식, 자유와 독립된 의식, 진보의 의식이라고 설명하고 있다.

이러한 의식은 모두 적극적인 것이며, 강렬한 충동과 희망에 의해 근대 의식을 고무하는 것이다. 곧 인간은 자유로워졌고, 중세의 답답한 계약으로부터 벗어나 진보하고 있으며 새롭고 보다 좋은 장래를 내다보고 있는 것이다. 인간은 자율성을 갖게 되었고 오직 자기 자신에게만 책임을 지고 이질적인 것으로서 강요되고 인간을 규제하는 힘의 억압으로부터 해방된 것이다.

사실상 중세기에는 인간은 비좁은 학계 속에 갇혀 있는 것과 같았다. 도그마의 한계, 과학의 한계, 사회조직에 의해서 신분의 구조가 결정되는 인간 자유의 한계가 있었던 것이다. 중세기에는 인간은 사고와 행위에 있어서 언제나 제한된 존재임을 경험했던 것이다.

말할 것도 없이 제한되고 있는 것은 현세(現世)이며 내세에는 제한이 없다. 내세는 무한과 영원의 왕국이다. 그러나 이 왕국에는 현세의 종말을 경험하고 세속적 한계로부터 벗어나 세속적 삶의 형식을 탈피한 자만이 들어갈 수 있다. 그러므로 최후의 심판이 세속 전체의 종말이듯이, 죽음은 한 개인의 세속적 종말이 된다.

죽음과 최후의 심판은 구제자(救濟者)로서 세속으로부터 해방시켜 주고 세속의 삶과 내세의 삶을 갈라 놓는다. 그러나 죽음과 최후의 심판은 이와 같이 구분하고 한정하는 것으로써 다시금 내세에 대해 현세의 삶을 확보한다.

종교적인 인간에게는 현세의 안전은 다른 의미를 갖는다. 곧 그들은 현세의 세속적 삶의 덧없음을 믿고 있다. 현세에 있어서는 인간은 종교적 진리에서 안전을 얻고 지상에 주어진 제한된 가능성과 제한된 사고를 통해 안전을 누리는 것이다. 이러한 안전은 사실상 단지 잠정적인 것에 지나지 않지만, 이러한 안전을 터득하고 간직하고 있는 자에게는 동시에 다가올 영생에 대한 확실한 기도이기도 하다.

벌을 받지 않고서는 그 누구도 이 한계를 무너뜨리지 못한다. 누구든 죽음이 오기까지 기다리지 않으면 안 된다. 주어진 공간과 주어진 생애는 그것을 무너뜨리려고 하는 것 자체가 뻔뻔스러운 일에 속하는 자연적 한계이다. 이 한계의 피안에서는 초자연적인 사건과 초자연적인 진리가 시작되지만 영원한 삶의 무시무시함도 시작된다.

 인간이 스스로 이러한 틀을 세운 것은 어제 오늘의 일이 아니고, 인간이 그 나름의 지식에 따라 이 틀을 고안해 내고 강화해 온 것도 어제 오늘의 일이 아니다. 중세 말기에는 이러한 틀이 완성되는 듯했다. 이때에는 인간은 한편으로는 종교적 진리로, 또 한편으로는 인간의 자연적 사고의 체계로 지양되는 듯한 느낌을 받았다. 형식논리학의 개화(開花)와 엄밀한 발전이 중세에 이루어진 것은 결코 우연한 일이 아니다. 점진적 발전을 통해 중세는 아리스토텔레스적 사고와 로고스에 대한 지식에 더욱더 접근한다. 따라서 논리학은 계시(啓示)된 진리와 함께 중세의 철학적 왕국이 된 것이다. 아리스토텔레스를 받아들여 기독교의 권위를 합법화할수록 인간의 존재는 종교적 이성의 영역과 아리스토텔레스에 의해 한계가 그어진 자연적 이성의 영역이라는 두 영역에서 더욱더 안정을 얻게 된다.

 이 한계를 넘지 못하는 '무능'—중세는 그후의 시대에 이르러 이 때문에 비난을 받는다—은 기독교적 인간에게는 가장 고유한 능력이며 재능인 것이다. 기독교적 인간은 그들에게 주어진 한계를 지양될 수 없는 것으로 보기 때문에, 이 한계를 넘어서려고 하지 않으며, 또한 넘어설 수도 없다. 갈릴레이가 케플러에게 보낸 다음과 같은 편지에서 그가 경험한 저항을 말할 때, 과거의 사유와 장래의 사유의 완전한 차이가 명백해진다.

'그런데 귀하는 수백 번의 규칙에도 불구하고 유성(遊星)이나 달이나 망원경에 대해 보고할 때마다 완강한 고집으로 이에 반대하는 당시의 대학의 일급 철학자들에게 무엇을 말하렵니까?……우리 대학과 가장 미숙한 철학자가 새로운 유성을 마치 주문(呪文)이나 되는 듯이 논리적 논증을 통해 하늘로부터 떼어내서 논하려다가 지쳤다는 이야기를 들으면 귀하는 어떻게 이 일을 웃어 넘길 수 있겠습니까?'[1]

이 말은 당시의 상황을 보여 준다. 새로운 자연과학이 등장하자, 어디서나 현상세계의 한계가 무너지기 시작한다. 사물은 '탈한계(脫限界)'한다. 코페르니쿠스의 발견이 우주의 가시적(可視的)인, 지구 중심의 원주(圓周)의 한계를 무너뜨린 것처럼 망원경과 현미경은 시야의 한계를 무너뜨리고 시야에 주어진 현실적인 사물의 단위와 크기의 한계를 무너뜨린다. 곧 이어 미적분(微積分)이 생기고 자연수 체계의 한계가 무너질 것이다. 기술은 등장하자마자 인간의 행동 능력과 인간의 힘의 한계를 예상을 불허할 만큼 확대시킬 것이다. 이러한 탈한계의 과정은 점차 확대된다. 한 한계를 이어 또 다른 한계가 지양·돌파·초극될 때마다 세계는 확대된다. 중세의 사고가 체험한 것과는 전혀 다른 의미에서 우주와 지식과 인간은 무한대가 되고 한계가 없어진다.

데카르트의 노력도 이러한 강력한 사건의 한 부분이다. 그는 같은 시대의 다른 모든 철학자들과 마찬가지로 세계의 사실상의 탈한계 과정에 의존하고 있다. 형식논리학에 대한 일치된 반대는 형식논리학이 설정해 놓은 한계에 집중된다. 이 한계는 이미 실험에 의해서, 망원경과 현미경에 의해서, 그리고 천문학에 의해서 극복되었던 것이다. 따라서 형식논리학에 대한 중요한 비난은 형식논리학이 알려진 진리를 되풀이하는 데 이바지할 뿐 결코 '발견의 기술'은 아니라는 것이다.

그러므로 데카르트, 베이컨, 홉스는 현실의 사실상의 탈한계에 순응하며, 눈앞에 나타나 있는 전체적 현실로부터 철학적 귀결을 이끌어 내려고 한다. 눈앞의 현실은 이미 움직이고 있기 때문에 그들은 사고와 그 도구를 보다 가동적이고 유연한 것으로 만들려는 노력에 힘을 기울인다.

이와 같은 일련의 사건에 있어서 옛것을 옹호하는 사람들을 무시해 버리면 경고의 소리는 들리지 않는 법이다. 따라서 이와 같은 방식으로 경험과 사고와 행동에 있어서 탈한계한 인간은 미래를 신뢰하고 보다 더 좋은 미래가 다가온다고 무조건 믿게 된다.

한편 막 시작된 사고와 행위의 역동적(力動的)인 가동성에는 확고한 근거가 주어지는 듯하다. 곧 확실하고 일의적이고 방법적으로 획득된 지식이 존재하게 된 것이다. 그러나 이미 종전의 한계는 무너져 버렸기 때문에 이 경우 확실한 지식은 로고스 안에 안주(安住)하며, 로고스 안에서 '논리적으로' 보증되는 지식이 아니다. 이 지식은 사고의 새로운 운동에 속해 있고, 그 확실성을 로고스의 주해(註解)에서 찾는 것이 아니라 실험 및 수학에 의한 사고의 방법에서 찾는 지식이다.

2. 탈한계(脫限界)로서의 진보·자유·기술

아직도 본격적인 진보의 시대는 등장하지 않았다. 그러나 이 시대의 선구자·개척자로서 강력한 세 가지 동인(動因), 곧 세계의 확대, 지식과 인식의 확대, 행동의 확대가 나타난다. 이 세 가지 동인은 바야흐로 나타나기 시작하는 새롭고 역동적인 이념에 표현되어 있다. 진보·자유 및 기술이 결합하여 세계를 움직이는 것이다. 진보·자유 및 기술은 통일적 능력으로 용해되어 사건과 인간의 의식과 행위를 전진시키고 모든 것을 소용돌이 속으로 끌어들인다.

특히, 세계와 인식을 확대시키는 이념과 결합된 거대한 이념으로서 자유의 이념이 새로운 형태로 등장한다. 이 자유의 이념은 인간과 사회의 해방의 표상(表象)으로 이해된다. 인간은 인간을 억누르는 번뇌와 악과 곤경과 속박으로부터 해방될 것이다.

그러나 인간이 낡고 확증된 법칙의 틀 안에서 자유를 구하지 않고 법칙을 통해 악과 속박이라는 곤경으로부터 완전히 벗어나려고 했다는 점에 특색이 있다. 인간에게 자유는 본질적으로 '해방', 곧 인간의 종전의 속박으로부터 벗어나고 한계로부터 벗어나는 것이다. 이러한 부담을 벗어 버리면 해방된 미래로 갈 수 있다는 것이 인간의 희망이다

이러한 관념은 확실히 오래된 것이며 옛날부터 인간이 간직해 온 것이다. 그것은 낙원, 극락도(極樂島), 황금시대에 대한 신화에서 입증된다. 그러나 이제 세계는 종전의 한계를 상실하고 지식은 새로운 가능성을 보여주게 되었고, 한편으로는 마치 새로운 충격이 가해지기라도 하는 것처럼 자유의 관념이 등장한다.

이러한 요구의 최초의 표현은 종교개혁에서 찾아볼 수 있다. 종교개혁은 모든 형태의 교회적 질곡(敎會的 桎梏)으로부터 해방되려는 노력이었고, 종전에 통용되던 법칙의 지양을 바라고 있었다. 그러므로 루터는 '천국이 지상을 능가하듯이, 모든 자유를 능가하며 또한 모든 죄악·율법·계율로부터 심정(心情)을 해방하는 올바르고 정신적이며 기독교적인 자유'[2]를 요구한다.

그러나 이러한 의미의 자유는 '……으로부터의 자유'이다. 따라서 이제 무성하게 자라난 자유 관념의 중심에는 그 핵심으로서 인간이 받아들이지 않을 수 없는

죄악 이론이 등장한다. 사죄(赦罪)의 남용에 반대하는 루터의 강령과 그의 종교개혁에 관한 저서인 ≪교회의 바빌론 유수에 대하여≫≪기독교인의 자유≫를 읽는 사람은 무엇보다도 죄악에 대해 배우게 된다. 프로테스탄티즘은 이러한 죄악으로부터 교회를 해방하려고 한다.

그러나 이러한 종교적 해방의 배후에는 이미 정치적 해방이라는 또 하나의 이념이 있다. 그러므로 16세기의 농민전쟁은 정신적 자유와 함께 10분의 1세(稅), 노예 신분으로부터의 해방을 위한 싸움이다. 루터는 이 전쟁에 놀라서 곧 등을 돌리고 말았지만 이 전쟁이 루터와 관계가 있다는 점은 의심의 여지가 없다.

어쨌든 정치적 해방이라는 또 하나의 소망이 종교적 해방의 소망에 단절없이 이어지는 것이다. 정치적 해방의 소망은 혁명 이념의 산모다. 혁명 이념이 일으킨 최초의 행동은 해방이다. 프랑스 혁명도 이렇게 이해될 수 있고, 마르크스가 전개한 혁명 이론도 이렇게 파악될 수 있다. 한편 혁명의 이념은 아직도 종결되지 않은 탈한계적 이념으로서 수세기에 걸쳐 전진하고 있다.

그러나 이러한 관념은 인간에게는 악이 부착되어 있다는 죄악 이론으로부터 성장한 것이다. 프로테스탄티즘이 이러한 사실을 지적하는 것처럼, 무엇보다도 장래에 자유를 다루고 있는 추방 공고(追放公告)와 증서도 이 사실을 보여 준다.

이러한 증서 및 다음 시대의 현실의 선구자로서, 몽상과 이론적 관념 사이에서 독특한 중간적 입장을 받아들이려고 하는 저술들, 곧 이른바 유토피아주의자들의 저술들을 들 수 있다. 이 저작들이 예고하는 것은 악으로부터 해방된 인간상(人間像)과 국가상(國家像)이다. 따라서 이 저술들은 모두 행복하고 만족스러운 국가를 묘사하고 있다. 다른 국민들을 괴롭히고 있는 문제들로부터 해방된, 도덕적 수준이 높고 행복한 사람들이 이 국가에 살고 있다.

이러한 저술 중의 두 가지, 곧 1516년에 나온 토마스 모어의 ≪유토피아≫와 1643년에 베이컨의 유고 중에서 출간된 미완의 ≪신(新) 아틀란티스≫는 악으로부터의 해방을 어떻게 실현할 것인가를 보여 준다.

두 저자는 그들의 이념의 표현 방식으로서 기존의 국가에 대해 보고하는 이른바 보고 형식을 채택하고 있다. 이렇게 함으로써 그들은 아직껏 실현되지 않는 것이 마치 사실은 가능하며 현실적인 것임을 철저히 논증하려고 하는 것 같다.

행복한 국가에 대한 동화적 묘사(童話的描寫)를 필요로 하는 독자는 이러한 묘사의 배후에는 현존하는 국가를 악으로 보는 이론이 가로놓여 있다는 사실을 간과하지 못한 것이다. 악에 대한 이론이 추진력의 근원이고 ≪유토피아≫에서 묘사된 인간과 국가의 형태는 악으로부터 해방된 형태라는 점이 어디에서나 명백해진다. ≪유토피아≫의 서두에서 모어는 그의 대변자인 라파엘로로 하여금 다음과 같이 말하게 한다.

'……내가 나의 최종적인 확신을 분명히 밝혀야 한다면, 나의 생각으로는 사실상 사유재산이 존재하고 인간이 돈을 척도로 모든 세계를 측정하는 곳에서는 정당하고 행복한 정치의 추구가 언제나 거의 불가능하다는 것이다.'3)

≪유토피아≫가 재산이라는 근본적인 악을 제거하듯이, ≪신 아틀란티스≫는 다른 악으로부터의 해방을 가르친다. 이 국가의 중심에는 민족과 왕국의 행복을 염원하는 어떤 지배자가 성립한 솔로몬 학원이 있다. 이 학원은 '모든 자연 연관(自然聯關)을 근원적으로 탐구하려고 하는'4) 실천적 지혜의 사원(寺院)이다.

신 아틀란티스 섬의 주민들이 국가로부터 받을 수 있는 것은 솔로몬 학원이 있기 때문이다. 국가의 축복은 자세히 저술되어 있다. 이 국가의 국민은 후세에 이르러서야 실현되고 기술적으로 제작될 수 있었던 것들을 소유하고 있는 것으로 되어 있다. 전화·무전 등 장치, 자동차·비행기 등 수송 수단이 앞질러 예언되어 있다. 재산과 물질을 보존하는 오지(奧地)가 있고, 임의의 기후를 조성해 낼 수 있는 건강실(健康室)이 있으며, 이 나라에서는 사양(飼養)에 의해 모든 가능한 식물과 동물을 만들어 내고 뛰어난 종합적 방법에 의해 생명을 연장시키는 원형질과 물약을 만들고 '여러 가지 운동을 일으키는'[5] 영구기관(永久機關)이 있다.

장차의 기술시대가 신기루처럼 그려져 있고 명료하게 예언되어 있지만 후대에 이르러 이 꿈이 실현된 현실에 대한 우리들의 경험하는 것과는 차이가 있다. 이 예언은 오직 '한 가지 점'에서만 후대의 현실과 차이를 갖지만 이 차이는 다른 무엇보다도 더 중요한 것이다. 베이컨은 장래의 사물을 예언적으로 예언했으나, 그가 이러한 일에 결부시켜 놓은 일은 실현되지 않았던 것이다. 곧 베이컨에 의하면, 이 나라에 살며 병·곤궁·욕심 등 모든 악으로부터 멀리 해방된 인간은 그들의 국체(國體)와 마찬가지로 안정되어 있다. 그러나 이것은 실현될 수 없는 꿈이었다. 이와 같이 해방된 인간, 이와 같이 기술적으로 조직된 사회는 결코 보다 자유로운 것은 아니었고, 이러한 사회에서도 종전과 마찬가지로 자유에 대한 갈망은 사라지지 않는다.

그러나 우리가 왜 자유·진보·기술의 현대적 이념을 '변증법적'이라고 부르는가를 이보다 더 분명하게 보여주는 예는 없다. 그 활동성이 어떤 목적에 의해 둔해지거나 그 역학(力學)이 '종말'에 이르는 일이 없는 탈한계적 이념이 있는 것이다.

3. 탈한계의 변증법

현실적·공간적 운동으로서의 모든 진보는 그 진보가 일어났던 곳에서 '멀어지고' 그 진보가 성립된 장소를 포기한다. 축어적(逐語的) 의미에 있어서 운동에 타당한 것은 정신·의식 및 행위의 운동에 대해서도 역시 타당하다.

현실적·가시적(可視的) 세계의 확대, 지식의 확대, 그리고 행위의 가능성의 확대는 모두 자체 내의 어떤 다른 것을 간직하고 있다. 새로이 확대된 세계에는 이전의 세계가 있고, 지식의 확대에는 낡은 지식이 미약하게나마 나타나 있고, 행위의 새로운 가능성에는 종전의 행위가 메마르게나마 나타나 있다.

진보하는 자는 무엇인가 포기하게 마련이며, 새로운 진리를 인식하는 자는 낡은 진리를 버리고, 발전하는 자는 과거의 바로 그 사람일 수는 없다. 이러한 사태를 변증법이라고 부른다면 변증법에 의해 우리는 어떤 것이 포기되거나 지양되고, 다른 것이 파악되거나 도달되는 변화와 이행(移行)의 상태를 말하는 것이 된다.

근대인을 특징짓는 것은 중세인의 변증법과는 다른 변증법이다. 중세인은 현세를 중간국(中間國)으로 알고 있었다. 인간은 현세에서는 과도 상태에 놓여 있으나 피안(彼岸)은 궁극적이고 영원한 왕국으로 보았다. 두 왕국 사이에는 죽음과 인식의 자연적 한계가 있고 여기서 영원과 초자연적 체험이 시작되었다.

근대인은 이와는 다른 변증법을 경험한다. 근대인의 경험은 새로이 형성되고 있는 차안(此岸)으로 넘어가는 과도 상태에 있다는 것이다. 근대 초기에는 이 차안의 진보와 자유의 무한한 왕국처럼 보였다. 그러나 근대 초기에는 아직 분명해지지 않은 일이었지만, 자유·진보·기술은 탈한계적 이념인 것이다.

자유·진보·기술에는 종착점이 없다. 이미 도달한 온갖 목표 뒤에는 다음 단계의 새로운 목적이 있고 온갖 현실화와 도달된 현실 뒤에는 아직 실현되지 않은 새로운 현실성이 있는 것이다. 그러므로 여기에는 최후의 한계라는 의미의 궁극적 한계는 존재하지 않는다. 진리도 마찬가지다. 진리의 탈한계적 운동에 있어서는 오늘의 진리는 내일의 오류가 되지 않을 수 없다.

그러나 이러한 운동이 시작될 때부터 근대 의식이 이러한 변증법을 파악했던 것은 아니다. 오히려 데카르트는 궁극적이고 확실한 진리가 있다고 확신하고 이러한 진리를 발견하고 그 방법을 밝히는 일은 가능하다고 믿는다. 진보와 자유에 대한 희망적인 믿음은 ≪유토피아≫에서 볼 수 있는 바와 같이 인간의 궁극적 해방과 함께 궁극적 국가, 궁극적 사회가 존재하리라고 억측한다.

따라서 현세에 있어서 궁극적이고 최종적인 것으로

여겨지는 인간상과 그들의 국가상이 어디에나 성립하게 된다. 데카르트가 철학에서 서술한 것을 유토피아주의자들은 다른 방식으로 묘사한 것이다. 한편 라이프니츠는 가능한 모든 세계 가운데서 최선의 세계상을 묘사하여 그후의 계몽주의는 최선의 인간상을 묘사한다.

이러한 노력으로 말미암아 이면(裏面)은 사라지고 출현할 기회를 갖지 못했던 것이다. 모든 진보는 낡은 것의 방기(放棄)임이 분명해졌어도, 진보·자유·기술은 그것이 '타당한' 것인 한, 어떠한 종착점도 없는 끊임없는 운동이라는 사실은 밝혀지지 않았다.

그리고 이러한 이념의 역학적·변증법적 운동에 있어서, 이 이념을 믿는 인간은 지속적 운동과 지속적 과도상태에 있다는 사실도 밝혀지지 않았다. 후대에 이르러서야 이러한 사실들을 알게 되고, 그때 비로소 이러한 과정의 이면을 경험하게 된다.

이면에 대한 통찰은 서서히 나타나고 처음으로 이러한 통찰을 한 것은 종교적 사고 자체를 의식한 사람들이었다고 말할 수도 있을 것이다. 지식의 탈한계와 자유에 이러한 통찰의 근거가 있고, 이러한 탈한계와 자유에 의해서 근대 과학의 길이 열린다. 오늘의 진리가 이미 내일의 진리를 탐구하며 발견과 발명의 시대가 시작되고 있는 한편에서는, 궁극성과 영원에 대한 종교적 지식은 서서히 그러나 끊임없이 침몰하고 있었던 것이다.

그러나 종교적 지식과 함께 많은 다른 것들도 끊임없이 침몰할 것이다. 데카르트의 궁극적이고 불변의 진리라는 이념도 침몰할 것이다. 데카르트의 이념은 어떠한 궁극성도 없는 역동적인 진리 이념에 자리를 비워 주게 될 것이다. 헤겔이 진리·전체·절대자 등은 불변의 본질이 아니라 오직 결과와[6] 체재(滯在)로서만 현실적이라고 말하게 될 시대도 그다지 멀지는 않았다. 마르크스, 니체, 키에르케고르 등은 다른 말로 더욱 날카롭게 진리의 과도성(過渡性)을 가르치게 될 것이다.

자유의 이념도 예외는 아니다. 실현된 '해방'이 결코 '바로' 자유는 아니다. 그러나 이와 같은 자유의 변증법이 전개되는 동안, 자유의 표상(表象) 자체는 부서지고 진보라는 탈한계적 개념이 자유를 대신하게 되어 자유가 이른바 진보에 자리를 비워 주어야 하는 시대가 등장한 것이다. 마침내 기술 자체도 변하고 그 변증법이 명백히 드러나는 시대가 나타나게 된다. 그러면 기술은 미래의 행복의 대표자가 아니라 치명적인 종말을 유발하는 힘이 될 것이다.

그러나 근대 초기에는 이에 대해 전혀 몰랐고 다만 변증법적 이념의 개시 단계, 새로운 것, 탈한계된 운동에 대한 적극적 적용을 알고 있었을 뿐이었다. 이 시대에는 아직도 모든 변증법에 나타나는 두 가지 운동, 곧 반대되는 것으로의 전환과 변화를 모르고 있었다.

4. 칸트의 최초의 변증법적 의식

18세기 말엽, 여러 가지 사건의 변증법적 전개가 아직도 전적으로 진행되고 있고 진보의 이념이 무제한의 지배권을 갖고 있던 때에 칸트의 ≪순수이성비판≫이 나온다. 이 저서가 남긴 거대한 영향은 당연한 것이며, 형이상학과 낡은 형이상학적 이념에 대한 칸트의 비판은 의심의 여지도 없을 만큼 타당하다. 그러므로 그를 '완전한 파괴자'라고 불렀던 것이다. 그는 어느 누구보다도 먼저 낡은 것을 지양하고 새로운 것을 알리는 근대의 전진 대열에 참가한다.

칸트 자신은 근대적 인식의 계열에 적응하고 수학과 자연과학의 발달에 경탄하며 이에 의존한다. 그는 코페르니쿠스가 우주설(宇宙說)에서 이룩한 일을 철학에서 이룩하려고 한다고 공언하고 또한 선험철학(先驗哲學)의 확립에 의해 철학은 확실한 인식의 길에 들어섰다고 믿는다. 그는 데카르트와 그 밖의 사람들이 추구하던 일을 완성할 수 있다고 자부한다. 이제부터 철학은 믿을 만한 방법을 갖게 되는 것이다.

한편 그는 방대한 저서의 중간쯤에서 변증법을 다루고, 제2부 전체를 '선험적 변증론(先驗的辯證論)'이라고 부른다. 무엇보다도 이 부분에서 칸트는 '완전한 파괴자'로 등장한다. 그는 종래의 형이상학이 오류를 범하게 된 이유를 밝히고 신의 존재, 자유, 세계의 무한성, 물질의 무한 분할(無限分割)은 증명될 수 없다는 것을 보여 준다. 그는 증명할 수도 없고 부정할 수도 없는, 또는 증명과 부정이 공존하는 이념의 체계를 말한다. 독자는 미궁에 빠졌다고 생각하게 된다. 칸트는 이 미궁을 뚫고 매우 신중하고 교훈적인 안내를 한다.

4백 페이지 이상에 걸쳐 펼쳐진 설명은 한 마디로 요약될 수 있다. 곧 칸트는 인간의 인식에는 '절대적 한계'가 있다는 것을 증명하려고 한다. 그는 지식이 아무리 진보하더라도 이 한계를 넘을 수는 없다는 것을 보여주려고 한다. 그는 종전에는 알려지지 않았던 새로운 사고의 운동을 말하고 이를 선험적 변증론이라고 부른다. 이 변증론의 선구는 고대에 있다. 고대에 있어서도 이러한 운동을 변증법으로 파악했던 것이다. 인간의 사고가 이러한 변증법과 관계되면 필연적으로 어쩔 수 없이 오류를 범하게 된다.

칸트는 선험적 변증론에서 상세하게 증명하는 것을 《순순이성비판》 제1판 서문의 첫구절에서 미리 말하고 있다.

'인간의 이성은 어떤 종류의 인식에 있어서는 특수한 운명을 갖고 있다. 곧 이성은 피할 수도 없고 해답을 줄 수도 없는 문제 때문에 고민하고 있는 것이다. 피할 수 없다고 하는 것은 이러한 문제들이 이성 자체의 본성에 의하여 이성에 주어지기 때문이고, 해답을 줄 수 없다고 하는 것은 이러한 문제들이 인간 이성의 모든 능력을 넘어서 있기 때문이다.'[7]

 칸트 해설가들은 이 구절을 소홀하게 다루었다. 그들에게 이 구절은 이 저서의 진행에 따라 차츰 증명될 주장으로 보였을 것이다. 그러나 사실은 이 구절은 ≪순수이성비판≫의 중심 테마, 곧 인식의 궁극적 한계를 그으려고 하는 의도와 가장 밀접한 관련이 있다.

 그러나 이 구절에는 또 하나의 다른 음색(音色)이 있는데, 그것은 위대한 진보라는 의식이 팽배하던 시대에 있어서 유별나게 들리는 것이다. 그것은 능력의 부족을 이유로 인간으로부터 지칠 줄 모르는 물음을 빼앗아 버리는 체념적인 태도다. 칸트는 다른 곳에서도 동일한 토론을 나타내고 있다. 루소가 인간은 선천적으로 착하다고 가르치고 있는 시대에 칸트는 '인간이 비뚤어진 목재로 아주 곧은 것을 만들어 낼 수 있다고 기대할 수 있는가?'[8]라고 말함으로써 인간에 대한 다른 표현을 찾아내는 것이다. 위대한 비판가가 이와 같이 말하는 것은 놀라운 일은 아니지만, 우리는 다음과 같이 묻지 않을 수 없다. 곧 칸트를 비판으로 내닫게 한 것은 무엇이냐고 묻지 않을 수 없다. ≪순수이성비판≫의 본래의 주요 관심에 대해 칸트는 힘찬 대답을 보여 준다. 가르베에게 보낸 편지에 나오는 이 대답은 그가 신의 존재,

불명성 등을 연구의 출발점으로 삼았다고 하는 관계적인 해석의 부인 이상으로 중요한 의미를 갖고 있다. 그는 신의 존재, 불명성 등을 연구의 출발점으로 삼은 것이 아니라 순수이성의 '이율배반(二律背反)'을 출발점으로 했다. 곧 이 이율배반은 나를 독단적인 잠에서 처음으로 깨워 주었고, 이성이 이성 자체와 외견상 모순을 일으키고 있는 스캔들을 없애기 위해서 이성 자체를 비판하게 된 것이다.[9]

이 의미심장한 말에 처음으로 당연한 중요성을 부여한 것은 B.에르드만이었다.[10] 요컨대 이성의 이성 자체와의 모순이 《순수이성비판》의 출발점이 된 것이다. 이와 관련하여 논리학이 창설되던 무렵에는 소피스트적 원리와 변증법적 원리의 모순이 출발점이 되었다는 사실을 상기할 필요가 있다. 그렇다면 서양의 역사에서 일찍이 아리스토텔레스가 수행한 역할이 다시 반복되는 것일까? 이것이 칸트의 의도일 수도 있다. 칸트가 아리스토텔레스, 그리고 그가 논리학을 수립하고 인식을 안전한 토대 위에 세워 놓은 일에 경탄의 눈길을 돌린 것은 이유 없는 일은 아니었다.

그러나 칸트는 아리스토텔레스의 시대에 살고 있는 것은 아니었으므로, 다른 여건들을 고려하지 않으면 안 되었다. 그는 근대적 사고의 대열에 서 있고, 또한 이미 근대적 사고를 시인했을 뿐 아니라 수학과 자연과학의 발달도 잘 알고 있다. 칸트는 사고의 '진정한 발전을 제한하고 싶지는 않았다. 진보의 철학이 결여되어 있다'는 그의 한탄은 너무나 신랄하다.

그러나 주목해야 할 점은 이 사상가가 진보를 인정하면서도 궁극적인 한계를 설정하려고 했다는 사실이다. 이 한계는 변증법이 시작되는 곳에 놓여 있다. 칸트는 ≪순수이성비판≫에서 이 한계를 자세히 설명한다. 그가 의심한 것은 오직 지식의 영원하고 무제한 진보뿐이었을까? 칸트는 이에 대해 자세히 말하지는 않았으나 이 문제에 대해 분명한 암시를 주는 의견이 있다. 곧 칸트는 ≪인간학(人間學)≫에서 다음과 같이 말하고 있다. '여러 학문의 진보는(시대에 따라) 항상 단편적일 뿐이며, 또한 퇴보를 방지하는 안전책도 없다. 따라서 그 사이에 나타나는 혁명적인 야만의 위협을 받고 있다.'[11] 이러한 측면에서 칸트를 보면 그의 뒤를 이은 철학의 발전상을 완성시킬 수 있다. 그의 뒤를 이은 철학은 인식론과 인식 비판의 수공업(手工業)을 추구하며 가능한 한 철학을 인식론에 국한시키려고 했고, 이와 같이 하는 것이 칸트가 시작한 일을 계속하는 길이라고 믿었다.

확실히 칸트는 인식론과 인식 비판을 가르쳤다. 그러나 칸트의 경우, 인식론과 인식 비판은 당시의 지식 전체에 있어서 아리스토텔레스의 체계에서 논리학이 차지하고 있던 것과 비슷한 위치를 차지하고 있었다. 당시의 지식의 보다 넓은 지평선은 아직도 발전하는 과학과 인식이라는 의식과 밀접히 관련되어 있었다.

아직도 이러한 의식은 쇠퇴하지 않았고 사실상의 진보과정도 늦추어지지 않았으며, 오히려 진보과정은 가속되고 있었다. 후대에 이르러서야 진보의 전체적, 탈한계적 역학이 전개되는 것이다.

그러나 칸트와 그의 시대의 다른 증인들을 보면 마치 이때부터는 진보보다는 사건을 반성적으로 고찰하고 있는 것처럼 보인다. 인간은 무엇이, 그리고 누가 진보하고 있는가를 묻기 시작한 것이다. 그리고 루소는 인간은 문화 때문에 타락한다는 대답을 제시했다. 그런데 루소는 칸트가 '루소는 나를 바로잡아 주었다'고 말한 바로 그 사상가이다. 그야말로 루소는 칸트를 열렬한 감동 속으로 몰아넣은 사상가인 것이다.

그러나 칸트 자신의 저술은 명백하고 자명하다. 인식의 무제약적(無制約的)이며 절대적으로 탈한계적인 진보는 믿지 않는다. 그는 물음의 무한성은 인정하면서도 극복할 수 없는 한계를 인식하는 것이다. 이 한계는 풀리지 않는 딜레마, 곧 불가피한 모순이 나타나는 곳에 있다. 그는 이 한계를 현학적(衒學的)으로 철저히 설명하고, 한편 여기까지일 뿐 더 이상은 안 된다고 하는 결론도 현학적으로 철저하게 이끌어 낸다.

그러므로 칸트에게는 인식의 절대적 한계가 있고, 이 한계는 현세적 지식의 지양될 수 없는 제한이다. 그러나 피안(彼岸)은 존재하지 않으므로 칸트가 설명한 한계는 부정적이다. 인간의 이성은 모든 물음을 제시할 수는 있으나, 모든 것에 대해 대답할 수는 없다는 인간의 무능력에 이 한계가 있는 것이다.

그런데 이와 같은 한계 설정으로 마치 오랜 망각에서 되살아나듯 변증법이 다시 나타난다. 마치 일찍이 아리스토텔레스의 사고에 궤변술이 나타나듯, 진리의 적으로서 변증법이 나타난다.

칸트는 왜 변증법을 불러냈는가? 그는 왜 변증법을 제시하는가? 대답은 단순한 것 같다. 그는 근대적 사고의 모순—이 모순은 중요한 것이므로—을 제시하고 출범시키고, 사고의 반정립(反定立)을 이율배반으로 전개하면서, 칸트 자신을 불안하게 만든 스캔들을 보여 주는 것이다. 또한 그는 ≪순수이성비판≫의 첫 명제에서 보여 준 것처럼, 해결도 제시한다. 인간의 무제한의 물음과 사고에 대립되는 인간의 '제한된' 능력이 있다는 것이다. 그리고 이러한 의미에서 칸트의 학설은 모순, 곧 인간의 자기 자신과의 모순, 이론이성(理論理性)과 실천이성(實踐理性)의 모순으로 끝나고, 인간은 이론적으로 인식할 수 없는 것은 믿지 않으면 안 된다는 사실로 끝난다.

5. 헤겔의 의한 변증법의 합리화

칸트에게서 탈한계적 물음에 직면하여 인식의 한계를 끌어내고 인식과 파악의 강렬한 흐름에 대해 마치 하상(河床)과 진로를 지적해 주고자 하는 사상가를 볼 수 있다면, 철학의 다음 국면은 이러한 일이 불가능함을 보여 주는 것이다. 독일 관념론(觀念論), 마지막으로는 헤겔이 칸트를 계승한다. 칸트가 아직도 손에 펜을 잡고 있는 동안에 변증법의 승리가 시작된다. 마치 일격에 상황이 변한 것 같다. 네가 일찍이 부인한 것을 존중한다는 옛 역사 법칙이 실현되는 것이다.

독일 관념론에 있어서는, 그리고 피히테와 셸링의 형태에 있어서는 변증법은 이미 칸트의 경우와는 다른 것이 된다. 변증법은 헤겔의 손으로 그 모습이 일변한다. 칸트가 변증법을 다만 인식의 한계를 확정하는 도구로 보고 이 도구에 의해 '가상(假象)의 논리학'과 비진리(非眞理)를 논증하고 일거에 입증하려고 했다면, 이제 헤겔은 변증론적 방법이 유일하고 참된 방법임을 가르친다. 그런데 어떤 사람이 어떠한 일이 일어났으며, 이러한 변화의 기초를 쌓은 자는 누구인가라고 묻는다면, 우리는 우선 그에게 다음과 같은 사실을 지적할 수 있을 뿐이다. 논리학은 몰락하고 있으며, 논리학의 현존의 형태는 경멸을 받게 되었다고 헤겔은 가르치는 것이다. 또한 헤겔은 진리를 '불변의 것'으로 보는 진리의 이념은 사라져 버렸다고 가르친다. 형식논리학과 마찬가지로 형식논리학에 인접한 수학도 하위(下位)의 과학성의 방법에 지나지 않는 것이다. 형식논리학이나 과학은 전체를 파악하지 못하기 때문에 가치가 저하된다.

헤겔로 하여금 가끔 독재적으로 들리는 이러한 주장을 하게 하는 것은 무엇인가? 그것은 근원적으로는 칸트가 발견한 것과 동일한 현상, 곧 모순이다. 그러나 이 모순은 다른 것이다. 칸트에 있어서 모순은 진리를 가로막고 서서 모순이 나타나는 곳에는 더 이상 진리에의 길은 없다는 것을 알려 주는 보조에 지나지 않았으나, 이것은 헤겔에게는 이미 타당한 것이 못 된다. 모순은 실재(實在)이고 모순은 현실적인 것이고 모순은 모든 사물의 현실에 살고 있다.

아주 간결한 표현으로 요약한다면 이것이 바로 헤겔이 동시대인의 눈앞에서 실현시킨 전환이다. 이러한 전환은 어디서나 받아들여진 것은 아니며 오히려 많은 사람들의 거부를 받았다. 학계 내부에서 헤겔 철학은 기묘하고 경솔한 시도(試圖)라는 비난이 일어났다.

게다가 헤겔은 또한 대체로 자연과학자와 수학자를 전적으로 무시했다. 헤겔이 격노해서 수학적·자연과학적 사고를 부인한 것처럼 사람들은 후에 랑게가 요약한 바와 같이 헤겔을 '시인적 이성(詩人的理性)의 대명(大

命)에 의해 정신과 자연의 화해(和解)를' 실현시킨 '신비적 깊이'와 '환상적 일탈(逸脫)'을[12] 가진 자라고 증언했다.

그러나 대학과 철학계의 의견은 올바르게 갈라져 있다. 그들은 헤겔 철학에 찬성하거나 반대하는 것이다.

헤겔의 사상에서는 ① 방법적—변증법적, ② 형이상학적, ③ 역사적이라는 세 계기를 쉽게 구분할 수 있기 때문이다. 헤겔의 철학적 동시대인은—그들은 피히테, 셸링을 통해 준비를 갖추고 있다—헤겔을 칸트에 의해 야기된 분열을 덮어 버리는 형이상학자라고 생각한다. 순수한 자연과학자에 의해서는 성취될 수 없는 자연과 정신, 신앙과 지식의 화해는 설득력을 발휘하는 것이다. 유럽 형이상학의 오래된 소망이 헤겔에 의해 달성되는 것이다. 곧 자연과 정신을 동일한 방식으로 파악할 수 있는 길이 열린 것이다. 데카르트 이후로 철학이 끊임없이 빠져들었던 함정인 사고와 존재의 이원론(二元論)이 지양되는 것이다.

한결같이 모든 형이상학에 대한 칸트의 비판을 확신하고 있는 사상가들은 형이상학자로서의 헤겔을 독일 관념론의 완성자로 보고 이러한 헤겔에게 경의를 표하지 않는다. 그들은 어떠한 방식으로든 이러한 형이상학의 방법, 곧 변증법이 타당하다는 점을 인정하지 않으려고 한다.

그들은 칸트에 있어서는 비판적—부정적 도구로 사용된 도구가 이제는 갑자기 긍정적—구성적(構成的) 도구로 등장했다는 사실을 파악하지 못한다. 변증법 방법을 둘러싸고 시작된 격렬하고도 비타협적인 비판은 변증법을 통해 과학적 사고와 과학적 진리의 근본 원칙을 비판한 것보다도 훨씬 더 오래도록 계속된다. 헤겔은 과학적 진리의 길에서 벗어났고 변증법을 '거대한 오류(트렌델렌부르크)'라는 것이다.

그러나 헤겔에게는 형이상학적 방향, 방법적—변증법적 방향과 함께 제3의 계기로서 역사에 대한 사고와 파악이 있다. 헤겔은 주권적 태도로 역사를 파악하고 역사를 철학적 관점에 종속시킨 근대 최초의 철학자다.

르네상스 이후로 더욱 확대되어 온 역사의 '과정'에 대한 경험이라는 차원은 그때까지 자연과학자와 철학자의 관심을 거의 끌지 못하고 있었다.

데카르트, 베이컨, 라이프니츠, 칸트조차도 역사에는 거의 관심을 기울이지 않았다. 역사는 생기(生起)하고, 역사는 전진하고, 역사는 미지의 곳으로 가는 것—하물며 철학자가 이에 대해 무슨 말을 할 수 있겠는가. 과학의 위대한 대상은 자연이었고 칸트가 전혀 언급한 바 없는 역사의 과학은 변경(邊境)에 놓여 있었다.

그러나 그 동안에 생기(生起)의 실재(實在)로서의 역사적 연속 및 변화로서의 인간행위의 인류의식에로의 전환으로서의 역사는 어느 때보다도 강력하게 등장하고 있었다. 중세의 역사는 세계의 종말에 의해 규정되어 있었으나, 이제 역사는 문제로 변한 것이다. 르네상스 이후로 인간은 인간에게서, 또 인간에 의해서 실현된 사건들을 반성적으로 고찰하기 시작한다. 인간은 역사의 객체(客體)라는 위치에서만 아니라, 중세적 세계로부터도 벗어났다는 것을 경험한다. 인간은 시대를 넘어서서 행위하고 현실을 움직이는 역사의 주체를 더욱 강렬하게 인식한다. 그들은 인간이다.

근대에 와서 인간의 자율성과 자유를 경험한 다음부터는, 인식과 기술에서 지식의 힘을 경험하면 할수록 인간의 역사성과 인간이 역사 속에서 겪고 있는 경험에 대한 의식도 더욱 고양된다.

한편 헤겔은 역사 이론을 대규모로 세우고 이 이론을 역사적 현실의 모든 영역에서 예증(例證)한 최초의 사상가다. 그는 역사의 의미를 부여하고 역사를 해석하고 설명하고 이해한다. 확실히 그의 해석은 제멋대로라는 비난을 받는다. 그러므로 부르크하르트는 그의 유명한 ≪세계사적 제고찰(世界史的諸考察)≫에서 헤겔을 노한 눈으로 곁눈질하듯 스쳐 지나가며 헤겔에 대해 '세계 계획(世界計劃)에 대한 이와 같이 뻔뻔스러운 선취(先取)는 잘못된 전제로부터 출발된 것이므로, 오류를 범하게 된다'[13]고 말한다.

사실상 헤겔은 그가 알고 있는 것은 역사의 계획이 아니라 이른바 역사의 운동 형식과 행진 리듬에 지나지 않는다는 것을 이해시켜야 했을 것이고, 또 자세히 설명해야 했을 것이다. 그러나 핵심에 있어서는 부르크하르트의 비판이 옳다. 헤겔의 제자 중 한 사람인 마르크스는 실제로 다가온 역사의 계획을 선취하고 예언하고 있는 것이다―그리고 이러한 선취에 의해 사실상 역사를 구성한다.

그러나 헤겔의 역사 이론에 찬성하는 사람들은 항상 있으며, 그들은 역사를 인식 가능한 '법칙'에 의해 실현된 경험으로 파악하려고 하는 그의 노력을 평가한다―헤겔 사상의 이 측면이 거대한 영향을 미친 것이다.

이러한 영향은 우선 역사가들을 사로잡는데, 그들은 헤겔의 사상에서 질서의 최초의 발단을 발견한다. 헤겔의 이론은 비록 원시적이기는 하지만 부르크하르트가 역사적 삶이라고 말한 '원현상(原現象)', 곧 '혹은 대중을 통해서, 혹은 개인을 통해서 발언하고, 혹은 낙관적으로, 혹은 비관적으로 들리고, 국가·종교·문화를 수립하는가 하면 파괴하고, 반성이라기보다는 오히려 환상에 의해 매개되는 어두운 감정에 대한 모호한 수수께끼에 이끌리는가 하면, 혹은 순수한 반성을 동반하기도 하고 다음 순간에는 훨씬 후에 달성될 것에 대한 개별적인 예감에 이끌리며 천태만상으로 헝클어져 가능한 모든 가면을 쓰고 자유롭게 물결쳐 가는……'14) 원현상의 질서이다.

부르크하르트가 명쾌하게 설명하는 바와 같이, 이 어마어마한 현상과 수수께끼는 헤겔의 이론에서는 단순한 것은 말할 것도 없고, 쉽고 간단하게 해결되는 것 같다. 그런데 바로 이러한 해결이 매혹적인 영향을 미치는 것이다. 일부의 전문적 역사학자들은 헤겔로부터 많은 것을 배우고, 헤겔 이후의 역사과학에서 항상 헤겔의 자취를 찾아낸다.

그러나 보다 다양하고 보다 심각한 영향은 다른 방면에서 찾아볼 수 있다. 마르크스, 키에르케고르 같은 대학 밖의 사상가들에 있어서, 역사를 그 과정과 목표에 따라 규정하려는 헤겔의 거대한 시도를 파악했었다. 그들은 모두가 헤겔의 역사 이론과 격렬한 싸움을 벌인다. 그러나 그들은 역사를 어떻게 이해할 것인가, 역사가 어떻게 발전해 왔고 앞으로 어떻게 발전할 것인가를 가르쳐 주는 경험으로써 역사를 파악하려고 하는 의도에 있어서는 동일한 궤도에 속한다.

이것은 분명히 헤겔이 남긴 가장 의미 있고 가장 강렬한 영향이다. 헤겔의 이념으로부터 마르크스라는 중개인을 거쳐 현대에 이르러 가장 강력한 정치 세력의 하나가 형성되어 눈앞에 있다는 사실을 고려하면, 이러한 영향은 간과하기 어렵다.

그러나 헤겔의 역사 이론의 열쇠는 변증법이다. 변증법은 헤겔이 역사를 연 도구이다. 이 도구는 한 번 만들어지면 계속 작용한다. 마르크스가 이 도구를 상속받고 키에르케고르가 이 도구를 이용한다. 그들은 각기 다른 방식으로 이 도구를 조작하지만, 각기 이 도구를 이용하고 있다. 이렇게 해서 변증법은 수세기 동안 변증법을 가리고 있던 그늘에서 벗어나 그 신뢰성에 대해 극단적인 논란이 벌어지고 있는 도구로 변한 것이다.

6. 헤겔의 변증법적 역사 서술(歷史敍述)

인간이 발견하고 고안해 낸 모든 도구와 사고 수단은 현실적 필요 때문에 만들어 낸 것이다. 원시적인 수공(手工)의 도구, 모든 종류의 사고 수단, 거대한 기술적 도구 등 모든 도구는 현실 극복이라는 목적에 이바지한다. 이러한 도구 중의 대부분은 그 기원이 아득한 원시시대에 있고 다른 도구들도 대체로 수세기 동안 유지되어 왔다. 도구도 인간과 마찬가지로 덧없는 것이지만 인간이 있는 곳에는 언제나 도구가 있게 마련이다.

변증법을 사고의 도구로 이해한다면, 이 도구에 의해 극복되어야 할 현상과 현실을 고찰해야 한다. 그런데 이 도구는 학문의 도구로서 등장했고, 그 목적은 현실의 인식과 이해에 있다. 그렇다면 어떠한 현상이 이 도구를 탄생시켰는가?

세계를 움직이는 이념의 작용이라는 면에 있어서 근대 세계는 깊은 균열과 모순을 드러낸다. 진보·자유·기술 등에 의해 세계는 통일되고 평준화되지만, 이러한 외면상의 통일과 평등의 내부에는 불일치와 대립이 있고, 특히 성급한 전진운동의 역학(力學) 때문에 오늘과 어제, 내일과 오늘의 구별이 생긴다. 이러한 구별은 진보의 근저를 이루고 있다.

다른 모든 동시대인들과 마찬가지로 헤겔도 이러한 경험을 한다. 다시 말하면 근대초부터 끊임없는 시대의 계속적인 전환을 경험한다. 헤겔은 이 경험을 다음과 같이 표현한다.

'우리 시대가 탄생의 시대이고 새로운 시기로 넘어가는 과도적 시대라는 것은 어렵지 않게 알 수 있다. 정신은 그 정재(定在:Dasein)와 표상 작용(表象作用)의 종전의 세계와 단절되었고, 과거 속으로 또한 정신의 변모 작업 속으로 침몰하려고 한다. 사실상 결코 쉬지 않고 끊임없이 전진하는 운동에서 정신이 파악된다……'[15]

헤겔의 경험은 또한 그보다 수세기 앞선 사람들의 경험이기도 하다. 그러나 그들의 경험은 긍정적인 것이었다. 그들은 진보를 통해 현재가 보다 좋은 미래로 개조되는 것을 보았다. 그러나 헤겔의 경험은 결코 이와 같은 경험은 아니며, 그의 시대의 경험도 이와는 전혀 다르다.

아마도 기술의 운동은 제외해야겠지만 진보와 자유의 운동은 최초의 그늘을 나타내기 시작한다. 헤겔은 이 그늘을 알고 있다. 그는 대학생으로서 프랑스 혁명을 열렬히 지지하고 또한 셸링이나 횔더린과 마찬가지로 자유를 향해 전진하는 세계를 절감한다. 그는 셸링에게 다음과 같은 편지를 보낸다. '만물이 어떻게 존재해야 하는가 하는 이념이 확대되면, 만물을 영원히 있는 그대로 받아들이려는 이른바 분별 있는 사람들의 게으름도 사라질 것이다.' 그후 헤겔은 프랑스 혁명을 '숭엄한 일출(日出)'로 밝아 온 '숭고한 감동'과 '정신의 정열이 세계를 투시하는' 시대라고 생각한다.[16]

그러나 솟아오른 해는 너무 일찍 지고 말았다. 프랑스 혁명 이후의 진전을 체험하고 헤겔은 놀라움을 금치 못한다. 그는 '절대적 자유와 공포'라는 제목의, 《현상학(現象學)》의 한 장(章)에서 프랑스 혁명을 위해 묘비를 세운다. 그는 이 시대의 종말에 대해 다음과 같이 말한다. '일반적 자유가 이룩한 유일한 성과와 업적은 죽음이며 이 죽음은 내적인 충실과 만족을 전혀 갖지 못한 것이다……'.[17]

자유와 진보에 대한 그의 시대의 근본 이념에 충실한 태도로 헤겔은 그의 시대와 함께 살아가고 싶었다. 나폴레옹이 왔을 때, 그는 개인적으로 경비병의 감시 밑에서 몹시 시달렸음에도 불구하고 나폴레옹에게서 '그의 시대의 관리인'을 인식한다. 그러나 그는 그늘을 본 다음에는, 빈 회의와 나폴레옹의 몰락이 있었던 1814년에 다음과 같이 말한다.

'그것은 위대한 천재가 스스로 파멸하는 것을 구경하는 엄청난 연극이다.'[18] 그후 헤겔은 정신과 의식은 전진한다는 의식을 견지한 채 그의 시대와 함께 전진한다. 1816년 친구 니트함머에게 보낸 편지에는 다음과 같은 말이 있다. '이 시대의 세계정신(世界精神)은 전진하라는 명령을 내렸다고 나는 확신한다. 이 호령은 지켜진다. 이러한 본질은 갑옷을 입고 빽빽한 밀집방진(密集方陣)처럼 저항을 억누르며 마치 태양의 움직임처럼 알아볼 수 없는 운동으로 만난을 뚫고 앞으로 나아간다……'[19]

오늘날도 마찬가지지만 헤겔은 정치적 전향으로 비난을 받았다. 특히 그가 베를린으로 가서 번창하는 프러시아의 대학의 철학자가 되었을 때, 그는 이제 반동 철학자가 되었다는 비난을 받았다. 그리고 사람들은 그의 이러한 태도의 근원을 자주 인용되는 《법철학》의 한 구절, '이성적인 것은 현실적이고, 현실적인 것은 이성적이다'에서 찾아볼 수 있다고 생각한다. 앞에 인용한 말에 숨김없이 표현되어 있듯이 헤겔의 현실적인 신조는 역사에 대한 신조라는 점에서 그를 비난하는 다른 사람들의 의견과 대립된다. 헤겔은 역사를 믿는 것이다. 그는 역사를 정치적 현실로 보는 데 그치지 않는다. 헤겔에 의하면 역사는 모든 전진에 있어서 분명히 변증법적인 방식으로 전진하고 이성의 전진도 역사 속에서 일어나는 것이다. 그러므로 헤겔은 역사를 '자유의식의 진보'라고 정의한다.

그러나 헤겔의 진보·자유·이성에 대한 신앙은 전 세기의 신앙과는 다르다. 물론 이 이념들은 근대의 역사에서 현실적인 것으로 인식되었을 경우에만 현실적이라고 그는 생각한다. 그러나 이념의 현실성은 변증법적인 현실성이며, 이 현실성은 변증법적인 것으로써 실현될 수 있을 뿐이다. 이러한 이념의 변증법적 본질은 고유한 근본 구조를 갖고 있고, 헤겔은 그의 모든 저서에서 이러한 근본 구조를 끊임없이 설명하고 모든 현상에 적용한다. 변증법적 구조의 간단한 공식은 부정적인 것에는 긍정적인 것이 있고, 그 역(逆)도 진(眞)이라는 것이다. 역사적 현실에서는—헤겔이 이 현실을 체험하고 시간적 연장을 넘어서서 인식한 바에 따르면—진보의 이면에 반동이 있고, 자유의 이면에 방종·공포·압제가 있고, 역사적 현실의 이면에는 이 현실을 부정하고 지양하는 것이 있다고 한다. 그러나 이러한 관계는 일방적인 것은 아니다.

이 관계에는 긍정적인 것으로부터 부정적인 것으로 지양되는 관계와 마찬가지로, 부정적인 것으로부터 긍정적인 것으로 지양되는 관계도 내포되어 있다. 중세의 이면에는 근대의 실마리가 있고 압제의 이면에는 새로이 소생하는 자유가 있고, 반동의 이면에는 그 시대에 대해 전진을 명령하고 '정신의 명령에 불복하고 온갖 허풍과 기만적인 공중방랑(空中放浪)으로 정체(停滯)'를 일으키려고 하는 자를 전혀 돌보지 않는 정신의 '전진'이 있다. 헤겔은 이와 같이 설명하고 있다.

이것은 분명히 진보는 논리적으로, 곧 고정적인 것이 고정적인 것에 이어져 나가는 방식으로 전개된다는 생각은 아니다. 여기서는 진보는 '앞으로 나가는 것', '지양하는 것', 충만시킨 '다음' 비우게 하는 것, 받고 주는 운동으로서 파악되고 있다. 역사의 변증법은 다른 모든 변증법과 마찬가지로 생성과 소멸의 변증법인 것이다. 여기에는 생성과 소멸의 과정을 제외하고는 영속적인 것은 아무것도 없다.

그러므로 이러한 변증법적 관심에서는 모순을 현실로 보고 전개(展開)와 중첩(重疊)과 역학적 대립을 역사와 존재의 본질로 본다. 헤겔은 그의 시대의 역사적 현실로부터 이와 같은 경험을 이끌어 낸다. 근대의 위대하고 지도적인 이념은 모두 그 이면, 곧 자유는 압제를, 진보는 반동을 드러냈다는 점을 헤겔은 사실 그대로 표현하고 있다.

여기에 변증법적 방증의 고유한 근거, 곧 정신의 전체

적 현실성을 넘어 연장되는 역사적 모순의 현실성이 있다. 본래의 의미에 있어서, 헤겔적인 변증법은 다른 모든 변증법과 마찬가지로 그 경험으로서 배리(背理)를 기초로 삼고 있다. 확실히 헤겔의 변증법에서는 아리스토텔레스의 논리학의 안목으로는 배리로 여겨지는 것, 다시 말하면 모순의 현존(現存), 지양적 대립(止揚的對立)의 병존(竝存) 그 자체가 사물의 논리적 근거가 된다.

변증법적 방법에는 모든 전통적 논리학이 제시하는 한계는 없다. 칸트는 모순의 등장은 인식의 궁극적 한계를 보여 준다고 했지만, 변증법은 이 한계를 넘어서서 앞으로 나아가는 것이다. 모순은 헤겔이 오만하게도 하위의 인식이라고 규정한 수학 및 논리학에 대해서만 한계가 되는 것이다.

헤겔을 여기까지 추적한 만큼, 이제부터는 모순이라는 한계를 넘어서서 변증법적 인식은 어디까지 갈 수 있는가, 여기서는 무엇을 인식이라고 부르는가, 이러한 인식에서는 진리는 어디서 발견되는가 하는 물음을 다루기로 한다. 태고적부터 논리학에 의해 확인된 경험은 모순과 모순에 바탕을 둔 사고는 진리에 도달하지 못한다고 가르쳐 준다. 그렇다면 모순이 존재하며, 또한 참되다는 것은 무엇을 의미하는가?

이 책의 4장에서 이 물음의 인식론적 부분은 남겨 두기로 한다. 얼마 동안은 우선 변증법적 방법의 개념만을 설명하기로 한다. 이러한 면에서도 이 물음에 대한 잠정적 대답은 가능하다.

변증법적 방법은 모순을 확인하는 데 그치는 것은 아니다. 그것은 변증법적 방법의 제1편일 뿐이다. 제2편, 곧 두번째 방법적 원리는 모순을 정제(整齊:ordnen)하고 연관시키는 데 있다. 그러므로 변증법적 사고는 모순의 '계열화(系列化)'—이에 따라 한 모순으로부터 다른 모순이 생긴다—를 가르친다. 이러한 계열화가 될 때 비로소 변증법적 인식과 변증법적 진리를 말할 수 있다.

헤겔의 모든 저서의 기초가 되고 이러한 모순의 단계적 정제의 원리는 새로운 것은 아니다. 이것은 소크라테스—플라톤의 대화술에서도 찾아볼 수 있는 것으로, 이 대화에서는 모순에 이어 모순이 전개되지만, 대화의 모든 단계와 매듭은 앞선 대화의 해결이 된다. 따라서 헤겔은 분명히 변증법적 대화가 아니라 변증법적 계열에서 그의 자료들, 곧 현상학에 있어서의 의식과 자기의식(自己意識)의 역사, 세계의 역사, 철학의 역사 등을 전개시킨다.

원래 역사에 대한 저술에 헤겔이 생각하고 있는 변증법적 계열의 본질이 가장 분명하고 가장 쉽게 파악된다. 헤겔 비판자의 한 사람인 하임이 헤겔의 변증법적 방법은 사실은 모든 자료를 역사적으로 고찰했고 헤겔의 논리학에서조차도 '역사 자체는 자료와 계제(階梯)

변증법의 구체적 동인(動因)'이 되었다고 비난했을 때, 이 비난에는 올바른 점이 있다.

사실 헤겔에 있어서 역사적 실재성은 다른 모든 실재성보다 더 우월하다. 역사적 실재성은 전형적으로 변증법적 실재성을 보여 준다. 그렇다고 해서 헤겔의 경우 실제의 역사가 절대적인 교사라는 뜻은 아니다. 헤겔이 파악된 역사에 대해 말하는 것은 부질없는 일이 아니다. 역사를 파악하려는 작업은 헤겔에 의해 시작되었고 니체, 키에르케고르, 마르크스, 그 밖의 많은 사람들이 같은 방법으로 이 작업을 계속하고 있다.

역사 파악의 방법적 원리는 이제부터, 특히 헤겔 이후에는 마르크스와 키에르케고르에 의해서 변증법적 방법으로 전개된다. 변증법적 방법은 첫 단계에서 모순을 밝히고, 둘째 단계에서 변증법적 계열을 정제한다. 이 점에 변증법적 사고의 장점이 있다면 이제 이미 그 약점도 앞질러서 드러난다. 변증가(辯證家)에 의해 그때그때 전개되는 모순의 정제가 전체의 전체적 표상에 의존하고 또한 제약되며, 이 전체적 표상 속에서 모순이 정제되는 것이다. 헤겔에 의하면 이 전체가 바로 진리인데, 이 전체가 어떻게든 결정될 수 있는 한, 인식의 이러한 방법은 그때그때의 전체의 표상에 따라 조종되는 것이다.

7. 키에르케고르, 마르크스 및 니체에 의한 변증법의 확대

 헤겔이 살아 있는 동안에 시작된 헤겔의 영향력은 재빨리 사라진 것 같다. 헤겔 학파는 붕괴되고 이른바 헤겔 좌파(左派)는 헤겔로부터 점점 더 멀어진다. 보다 협의의 의미의 철학을 보면 칸트 사상의 개혁이 일어난다. 이와 함께 곧 논리학에 대한 관심이 새로워지지만, 이 관심은 변증법을 돌아보지 않는다. 19세기 말과 20세기 초에 위버베크, 베노에르드만, 지그바르트, 분트 등은 논리학에 대해 많은 설명을 하지만 그들은 변증법을 전적으로 헤겔 이 전의 의미로 다루고 있다.

 헤겔이라는 인물과 그의 사상은 경원되는 듯하다. 아카데믹한 철학은 오래된 전통적 문제로 되돌아간다. 논리학에 대한 새로운 관심으로부터 전혀 다른 방향이 전개된다. 후설의 《논리적 연구》는 '심리주의자'의 논리학을 비판하고 헤겔 변증법과의 화해 따위는 불필요하다고 생각하는 듯하다. 따라서 헤겔의 변증법은 단지 짧은 막간극에 지나지 않는다고 생각할 수도 있다.

 그러나 이러한 견해에 반대하는 다른 징후가 나타난다. 전통적인 대학 철학의 밖에서 키에르케고르, 마르크스처럼 부분적으로는 헤겔과 관련되었거나 니체처럼 헤겔과 멀리 떨어져 있는 사상가들이 등장하는 것이다. 이 사상가들은 그 과정이나 목표에 있어서 다른 사상가들과 현격한 차이를 갖는다. 키에르케고르나 마르크스처럼 변증법을 공공연히 인정하는 사상가들도 헤겔의 변증법에 대립하여 이를 비판하고 부정하며 새로운 변증법을 전개한다.

그러나 이 사상가들은 하나의 계열에 속해 있다. 이 사상가들은 그들 나름대로 미래를 알려 준다. 모두 예언자적 특징을 갖고 있다. 그러므로 마르크스는 장래의 세계 혁명과 자본주의의 몰락을 필연적이라고 예언한다. 니체는 그의 의견에 의하면 '다음에 올 2세기 동안의 역사'를 결정하게 될 '니힐리즘'의 등장을 알려 준다. 키에르케고르는 '근대 세계의 근본적 혼란'을 가르친다.

근대 의식은 변화하고, 수세기를 지배해 온 진보에 대한 믿음은 보다 덜 긍정적인 의식에 자리를 내준다. 진보의 행복한 예고 대신에 몰락과 단절의 예고가 들려온다. 앞에 말한 사상가들은 모두 그들 나름대로 미래의 동요를 알려 준다. 종전에는 찬란한 빛 속에 있던 것이 이제는 긴 그림자에 가리워진다. 이들 몰락과 파멸의 고지자(告知者)들이 음울한 예언을 하고 있는 동안에 그 결과로 그들의 사고의 테마로서 동요·데카당스·염세주의·혁명·불안·염려·'죽음에 이르는 병', 그 밖의 현상이 나타난다.

한마디로 말하면 '부정적인' 본질이 나타난다. 이러한 본질은 인간의 항구적인 배경임이 분명하거니와, 이제는 이 본질이 이 사상가들의 의식에 있어서 지배적인 것이 되고 철학적 고찰의 근본 주제가 된다. 마치 헤겔이 말한 부정적인 것이, '거대한 힘'이 투철한 의미에 있어서 시대 의식을 장악한 것 같다.

따라서 부정적인 것이 확대된 형태로 근본 주제가 된다. 헤겔에 있어서는 부정적인 것은 변증법적 과정과 결부되어 있다. 부정적인 것이 헤겔에 의해 현상학에서 '불행한 의식', '자기 자신으로부터 소외된 의식'[20]으로 설명되는 경우, 부정적인 것은 생기(生起)의 한 변증법적 단계로 설명된다. 모든 변증법은 부정적인 것으로부터 출발한다. 헤겔의 경우, 부정적인 것은 여러 가지 형태를 갖는다. 현상학에서는 역사 의식의 부정적 형태가 설명되고, 논리학에서는 부정은 개념을 전진시키는 매개적 수단이 되며, 법철학에서는 시민사회(市民社會)가 가족의 부정, 가족의 분열로 설명된다. 그러나 헤겔의 의미에 있어서는 부정적인 것은 언제나 그 자체 안에 장차의 궁극적인 것을 간직하고 있다.

그러나 이 사상가들에 의해, 그들이 헤겔에 의존하든 않든, 부정적인 것은 보다 날카로운 모습을 갖추게 된다. 이제 부정적인 것은 혁명·몰락·불안·회의 등으로 불리는 것이다. 이 사상가들은 각기 그들 나름대로 현재의 비판자이고, 장래의 부정적 시대의 고지자인 것이다.

그러므로 헤겔이 처음으로 분명하게 드러내서 '부정적인 것'이라고 명명한 변증법의 배경은 사라지지 않은 것이다. 그의 시대는 탄생의 시대이고 새로운 시기에의 과도기라고 말한 헤겔의 말은 미래의 시대 의식에 있어서 점점 더 중요성을 갖게 된다. 긴장은 고조되고 긴장으로 가득 찬 감정은 새로운 것에 대한 기대라기보다는 오히려 몰락에 대한 의구심인 것이다.

위험과 협박을 예언하는 말이 전면에 나타나고 앞에 말한 사상가들은 불안과 장래의 공포를 알려 준다. 그러므로 마르크스는 ≪공산당 선언≫에서 '한 유령이, 곧 공산주의라는 유령이 유럽을 돌아다니고 있다'고 말한다. 이 말은 이 선언의 첫머리에 나와 있고 이 선언의 끝에는 '지배계급은 공산주의 혁명 앞에서 전율하라'는 협박이 있다. 그러므로 키에르케고르는 '모든 파멸은 마침내 자연과학으로부터 올 것'이라고 예언하고, 니체는 니힐리즘을 '문 앞에 서 있는 모든 손님 중에서 가장 무시무시한 손님'[21]이라고 부른다.

그러나 부정적인 것을 알려 주는 이 사상가들이 각기 다른 근본악을 보고, 각기 다른 사건을 고발하고, 각기 다른 위험을 예언한다는 것은 주목할 만하다. 우리들의 눈앞을 돌아다니는 변증법적 유령들은 각각 전혀 다른 옷을 입은 것이다. 또한 시대의 병이 각기 다르듯이, 제시된 치료 수단도 서로 다르다. 마르크스는 가장 분명하고 명백한 처방을 제시한다. 곧 공산주의 혁명이다. 이 혁명이 완성되면 만인의 자유가 실현된다는 것이다. 마르크스와 비교하면 다른 사상가들이 말하는, 부정적인 것의 이면에 있는 긍정적인 것은 애매하다. 니체는 '니힐리즘을 병리학적 과도 상태'[22]라고 설명하고 이러한 상태가 지나가면 인간은 보다 높은 상태로 이행된다고 암시한다. 그러나 사람들이 그가 처방을 제시했다고 믿을 것으로 생각한다면, 그것은 전적으로 니체의 오해일 것이다.

또한 키에르케고르는 또 다른 결론을 제시한다. 그에게 있어서는 앞으로 가는 길은 오직 하나뿐인데, 이 길은 동시에 뒤로 가는 길이기도 하다. 시대의 치료는 기독교가 할 일이라 했다. 그러나 그가 가르치는 기독교는 현재의 기독교와는 그 면모가 다르다. 키에르케고르는 종교성(宗敎性)을 회복하기 위해서는 2천 년 뒤로 되돌아가야 한다고 생각한다. 키에르케고르가 제시하는 치료 수단 역시 진기하고 불투명하다. 그것은 절망의 종교이다. '어떤 의미에서는 절망과 비슷하지만 그러나 절망은 아니며, 그렇다고 해서 참되고 희망에 찬 신에의 신뢰도 아닌, 다시 말하면 언제나 최악의 것을 두려워하고 이에 대비하고 있는 일종의 종교성이 있다.'[23]

이 사상가들이 깨닫고 두려워하는 것, 그들이 희망하고 기대하는 것은 서로 매우 다르다. 그러나 그들에게 공통되는 것은, 그들과 그들의 시대가 아직은 실현되지도 파악되지도 않은 목표를 향해 움직이고 있다는 의식이다. 미래에 대한 이러한 관점에서 본다면 그들은 모두 변증법적이다.

그러나 이들의 변증법은 헤겔의 변증법과는 다른 종류의 것이다. 헤겔에 있어서 변증법은 우선 현실의 변증법적 운동을 인식하고 개념화하여 체계적으로 정제(整齊)하는 도구였다. 헤겔의 이러한 원칙을 따르는 사상가는 오직 마르크스뿐이다. 헤겔과 마찬가지로 마르크스는 변증법이 역사의 과정을 해명한다고 확신한다. 이보다 더 중요한 것은 마르크스에 있어서는 변증법은 미래를 앞질러 파악하는 도구라는 것이다.

키에르케고르도 헤겔로부터 출발했으나 그는 헤겔에 반발한다. 그러나 그의 손으로 변증법은 확대된다. 그는 변증법을 개념적 파악의 방법으로 인정하지 않고 인간 실존(人間實存)의 기준으로 본다. 키에르케고르에 있어서는 어떠한 체계도 존재하지 않는다. 논리적 체계가 존재한다 하더라도 실존에 대해서는 어떠한 체계도 부여할 수 없기 때문이다. 실존은 모순이며, 실존한다는 것은 모순 속에서 변증법적으로 사는 것을 의미하기 때문이다.

그러므로 역설(逆說)은 키에르케고르의 대공식이 된다. 그는 ≪이것이냐, 저것이냐≫에서 인간 실존의 역설을 여실히 묘사한다. '결혼하라, 너는 그것을 후회할 것이다. 결혼하지 말라, 너는 또한 그것을 후회할 것이다. 결혼하든 결혼하지 않든 어느 경우에나 너는 후회할 것이다……목을 매달아라, 너는 그것을 후회할 것이다. 목을 매달지 말아라, 너는 그것도 후회할 것이다. 목을 매달든 매달지 않든 어느 경우에나 너는 후회할 것이다…….'[24]

인간 실존의 모든 단계에 역설이 있고, 종교적 실존이라는 최고의 단계에도 역시 모순은 있다. 키에르케고르는 기독교를 가르친다. 그러나 이 기독교는 변증법적으로 정의된 아주 다른 기독교다. 그러므로 '기독교는 어떤 이론이 아니라 실존의 모순을 표현하고 실존을 전달하는 것이다.'[25]라고 말한다. 이러한 전달은 변증법적, 곧 모순에 차 있고 역설적이다. '신앙 자체가 기적이고, 따라서 역설에 있어서 타당한 것은 신앙에 있어서도 타당하다.'[26]

이제 헤겔이 둑을, 다시 말하면 모순이 있는 곳에는 진리가 없다고 가르치면서 형식논리학이 쌓아 올린 둑을 무너뜨렸다는 것이 입증된다. 헤겔은 모순이 있는 곳에는 진리가 없다는 명제를 무너뜨림으로써 근대의 변증법의 기초를 놓았고 키에르케고르와 마르크스의 사고를 위해 길을 열었다.

그러나 우리는 헤겔이 단독 책임을 질 일인가, 또는

헤겔 자신도 오래전부터 계속되어 온 사건과 발달의 한갓 대행자에 지나지 않는 것을 묻지 않을 수 없다. 적어도 니체를 보면 후자의 경우가 사실인 것 같다.

그러나 니체도 논리학에 대해 깊은 혐오와 불신을 품고 있다. 그는 헤겔이 세운 변증법적 명제는 전혀 알지 못하면서도, '논리학에서는 아마도 사물에는 적용되지 않는 다양하고 대립적인 모순 명제가 지배적이다.'[27]라고 말한다. 이미 《비극의 탄생》의 시기에 이렇게 말하는 것이다. 그후로 논리학에 대한 비판적 부인이 끊이지 않는다. 그는 논리학에 대해 불충분한 발전을 했다고 말하고 사실상 부지중에 헤겔의 말을 거의 그대로 반복한다. 곧 '논리학은 내가 배운 바와 같은 것이라면, 무용지물'[28]이라고 말하는 것이다. 그는 '논리학자의 미신'에 대해 말하고 '모순은 참된 존재'[29]라고 가르친다. 그는 '논리학과 이성의 카테고리에 진리의 기준이 있다는 믿음'에[30] 의존하고 있는 철학을 철학의 탈선이라고 비난한다.

앞에 말한 사상가들 중에서 헤겔과 밀접한 관계를 맺고 있는 것은 결국 마르크스뿐이다. 니체에 대해서는 헤겔과의 관계를 주장할 수 없고 키에르케고르에 대해서는 제한과 단서를 붙여서 헤겔의 후계자라고 말할 수 있을 뿐이지만 마르크스는 스스로 밝힌 바와 같이 헤겔의 제자이다. 마르크스가 헤겔의 변증법적 방법을 수정한 것은 사실이지만 그는 헤겔의 방법의 본질적인 요소, 곧 변증법의 공식, 변증법의 동인(動因)으로서의 모순, 역사의 단계적 구성 등을 인수한다.

이 사상가들의 의식의 핵심에는 그들이 헤겔을 따르든 따르지 않든, 현실·실존·모순의 작용 형태가 있다. 모순에 대해 니체는 모순은 참된 존재이며, '참되게 존재한다는 것은 오직 고통이고 모순이다.'라고 말하고, 계속해서 '그러므로 세계를 그 깊이에서 이해한다는 것은 모순을 이해하는 것이다.'[31]라고 말한다.

'모순'은 그 여러 가지 형태에 있어서 근본적 현상이며 헤겔도 이 현상으로부터 출발했고, 키에르케고르, 니체, 마르크스는 이 현상을 새롭게 파악하는 것이다. 그러면 이러한 모순은 무엇인가. 헤겔은 어디서나 모순을 찾아낸다. 헤겔의 다양한 설명을 요약하면 결국 모순은 운동의 원현상(原現象)이라고 한다. 니체는 모순을 참된 존재라고 규정한다. 키에르케고르의 역설은 모든 실존의 처음이요 마지막이다. 마르크스에 있어서는 모순은 분업·계급 투쟁으로서의 생산력과 생산 관계 사이의 모순으로서 역사를 전진시키는 인간적·사회적 현상이라 하겠다.

이와 같이 변화무쌍한 모순의 다양성을 보면 어디서 이러한 사고가 총괄될 것인가를 알 수 있다. 이러한 사고는 모순의 형이상학을 전개시키는데, 이 형이상학으로부터 존재자의 모든 현실이 그 모든 형태에서 나타나게 된다. 현실은 모순이다—이것이 헤겔의 이론이며, 이제는 한편에서는 그의 추종자들에 의해, 또 한편에서는 그의 배척자들에 의해 이 이론은 확대되고 연장되고 있다.

8. 자유의 변증법적 의식

근대의 이념 중에서 자유의 이념은 진보의 이념과 함께 가장 강력한 영향을 미쳤다. 자유는 의식의 잠재력으로서, 정치적 잠재력으로서, 정치적 실재(實在)로서 각별한 영향을 미쳤다. 자유는 개인적 노력의 목표일 뿐 아니라 무한한 작업을 요구하는 정치적 실재이다. 자유를 위해 무수한 사람들이 죽었다는 사실은 자유이념의 실재를 가장 잘 입증한다.

그러면 자유는 무엇인가? 자유의 현상은 이론적·개념적으로 정확히 파악되는가? 수많은 인간들을 움직이게 하고 그들을 만족시키고 그들의 행동을 규정한 자유의 실재는 다른 현상처럼 파악될 수 있는가? 사람들은 자유를 문제로 삼고 있는 개별적인 경우에 있어서는 자유라는 관념의 목표, 따라서 그 내용까지도 파악할 수 있다고 생각할 것이다. 다시 말하면 한 민족의 자유, 한 사회의 자유, 종교의 자유 등이 문제인 것이다.

그러나 '자유'는 개념으로서 일반적으로 파악될 수 있는가? 이렇게 묻는 자는 곧 이 개념이 얼마나 가변적인 것인지를 깨닫게 될 것이다. 그는 끊임없이 변화하고 있는 것을 그려낼 것이다. 인간은 자유롭기를 바라지만 그들이 원하는 자유의 형태는 무한히 많다. 자유의 그때그때의 목표는 분명할 것이다. 곧 우리는 병으로부터 자유로워지기를 바라고, 감시로부터 자유로워지기를 바란다. 어린이들은 어버이의 권위로부터 자유로워지기를 바라고, 어른은 규칙으로부터 자유로워지기를 바라고, 민족과 국가·신분과 계급도 자유를 바란다. 더 나아가 사람들은 자유롭다는 것은 '자기 자신'을 스스로 결정하는 것, 스스로 부과하지 않은 제약에는 복종하지 않는 것을 일컫는다고 말한다. 그러나 자유에 대해 이와 같은 정의를 시도할 때마다 자유의 이러한 정의는 각기 독특한 현상에 부딪친다. 곧 자유는, 있어서는 '안 될' 것을 전제하고 있다. 다시 말하면 자유란 어떤 것으로부터 자유로워지는 것이다.

칸트는 그의 변증론에서 이러한 관념과 이 관념 속에서 살아 움직이고 있는 의식 내용의 중요한 특성을 기술했다. 또한 그는 자유에 대해서도 말한다. 그는 자유를 세번째 이율배반에서 논하고 자유의 우주론적(宇宙論的) 이념은 그 자체가 모순투성이고 반정립적(反定立的)임을 증명한다. 자유가 존재한다는 표상이 가능한 것처럼 어떠한 자유도 존재할 수 없다는 표상도 가능하다.

자유에 대한 칸트적 이율배반은 세계에서는 모든 것이 인과법칙에 따라 일어나는가, 그렇지 않으면 '자유'가 존재하는가 하는 물음과 관련된다. 얼핏 보면 칸트의 실재라고 말하는 경우의 표상과는 전혀 관계가 없는 것처럼 보인다. 칸트가 생각하고 있는 자유는 일반적인 형이상학적 개념이다. 우리가 말하고 있는 자유는 행위의 목표로서 논쟁의 여지가 없다.

그러나 자유라는 이름 밑에서 체험되고 생각되는 것은 직접 규정되는 것이 아니라 부정당할 것, 다시 말하면 우리가 그것으로부터 자유로워지기를 바라고 있는 것과 관련되어서 비로소 규정될 수 있다는 것은 어떠한 자유에 대해서도 타당하다. 우리가 획득하려고 하는 것은 분명히 인간의 본성이 의식하고 있는 자유의 실천적 이념이지만, 이 이념의 그때그때의 내용은 무엇으로부터 자유로워지려고 하는가 하는 것이 분명해질 때 비로소 확실해진다.

그러므로 인간사회의 현실적 요인으로서 근대적 사고에 가장 광범하게 나타난 자유라는 강력한 이념을 일별하면 자유 개념의 핵심에 '……으로부터 자유로워지고자 하는 욕구'가 놓여 있음을 알 수 있다. 우리는 몇 가지 단계를 이미 말한 바 있다. 루터가 추구한 자유, 곧 '기독자(基督者)의 자유'와 토머스 모어의 소유로부터의 자유, 또는 베이컨의 생존의 악으로부터의 자유라는 순진하고 목가적(牧歌的)인 자유관념은 다른 것이다.

또한 프랑스 혁명이 쟁취한 자유도 다른 것이다. 이 자유는 보다 실질적이고 보다 구체적이다. 여기서의 자유는 귀족정치의 철폐, 문벌의 특권 폐지 등을 의미한다. 그러나 자유의 표상이 구체적이면 그럴수록, 자유는 '있어서는 안 될 것', '폐지·파괴·지양되어야 할 것'을 정확히 알게 되기 때문에 자유는 그만큼 더 제약을 받는다.

그러므로 실천적 행위의 자유로서의 자유의 모든 이념에는 그 이념이 이미 바라고 있지 않는 것에 대한 정확한 표상이 내포되어 있고, 이 표상으로부터 마땅히 있어야 할 것, 소망스러운 것에 대한 표상이 결정된다. 다시 말하면 실천적 자유로서의 자유는 그 긴장이 아직 존재하지 않지만 사고되고 있는 것과 관계되는 현상인 것이다. 이러한 긍정적 동기에서는 그때그때의 자유의 표상에는 이 표상의 부정적 표상, 무엇인가 지양하려고 하는 의지가 내포되어 있다.

자유라는 현상의 이와 같이 독특한 구조를 '변증법적'인 것이 특징짓는다면, 이러한 변증법은 인간의 현존재(現存在)가 있는 곳에서는 어디서나 현실적·실천적으로 발견된다는 것은 특히 강조될 만하다. 이 변증법은 지양할 수 없는 것이다. 칸트가 실천이성(實踐理性)에서 구체적 이념의 현실성을 말할 때, 그는 이러한 사실을 간파하고 있었다.

그런데 자유의 이러한 현상은 주목할 만한 변화를 보인다. 이 변화는 자유의 표상의 내용은 진보의 표상의 그때그때의 내용과 마찬가지로, 때에 따라 바뀐다는 사실만으로는 설명될 수 없는 것이다. 18세기 말과 19세기 초에 우선 이론적으로 자유의 표상이 나타나는데, 이 표상은 이러한 현상의 변증법적 구조를 알고 있다. 헤겔과 마르크스에 의해서 자유의 개념은 변증법적 개념으로 등장하게 된다.

헤겔이 처음으로 자유에 대해 변증법적 규정을 내린다. 그는 세계사의 철학에서 자유를 간결하게 표현한다. 곧 그는 '세계사는 자유의식의 진보'라고 가르치고 있다. 이 말은 이 강의의 서론에도 나온다. 헤겔이 그의 설명을 끝내고 다음과 같이 말할 때 끝부분에서 이 정의는 다시 한 번 되풀이된다.

'의식은 여기에까지 도달했고, 이것은 자유의 원리가 실현되는 형식의 주요 요소이다. 왜냐하면 역사는 바로 자유 의식의 전개이기 때문이다.'

따라서 자유는 세계사의 고유한 내용이다. 세계사는 자유에 대한 지식이 전진하는 과정으로서 실현된다. 헤겔은 극단적으로 단순화된 근본 도식(圖式)으로 그 과정을 설명한다. 곧 그는 동양인에게는 자유의식이 싹트지 않았다고 말한다. 한 사람, 다시 말하면 독재자만이 자유롭고 그 밖의 모든 사람들은 자유롭지 못했다는 것이다. 그리스 사람들과 로마 사람들은 자유를 알고는 있었으나, 자유로운 사람은 소수에 지나지 않았다. 자유인과 노예가 있었다. 게르만 세계에 이르러서야 비로소 자유의 일방적 의식이 싹트고, 비로소 인간은 본래 자유롭다는 것을 경험한다. 이 개념이 단순하고 지속적인 것처럼, 헤겔이 발전이라고 설명하며 몇 마디로 요약한 것도 현실적으로는 매우 소원한 것이므로 사람들은 도대체 여기서 말하는 자유는 무엇이냐고 묻게 될 것이다. 사실상 이러한 헤겔의 파악의 핵심으로서는 다음과 같은 점만이 분명하다. 곧 자유는 '존재'하는 것이 아니라 생성되는 것이며, 자유는 의식 속에서 전진하며, 한 걸음 한 걸음씩 실현되는 이념이고 자유는 그 전개 과정에 존재하는 것이다.

헤겔 자신은 이러한 사실을 잘 알지 못했다. 그러므로 헤겔은 세계사를 자유의식의 진보라고 정의한 얼마 후에 다음과 같이 말하는 것이다. '그러나 지금까지 말해 온 자유는 애매하고 무한히 많은 의미를 가진 말이라는 것, 자유는 최고의 것이면서도 무한히 많은 오해·혼란·오류가 따르고 있으며, 모든 가능한 일탈을 내포하고 있다는 것—이 점은 현대가 가장 잘 알고 있고, 또 경험하고 있는 것이다. 그러나 우리는 여기서는 우

선 일반적인 규정을 내리는 것으로 그치려고 한다.'[32]
그러나 헤겔이 혼란과 일탈을 간과하지 않았다는 점만
은 어렵지 않게 이해할 수 있다. 그는 자유와 해방이라
는 이념 밑에서 시작되어 '절대적인 공포로서 죽음과 압
제로서' 끝난 프랑스 혁명을 암시하고 있는 것이다.

그러나 헤겔이 자유 이념의 이러한 결과에 당황하고
있을 때, 이미 자유 이념의 새로운 선언이 준비되고 있
고 이 선언은 그의 이론의 필연적인 변증법적 전개인
것이다. 왜냐하면 마르크스도 자유를 위해 가르치고 행
동하고, 또한 인간의 해방이라는 근대적 이념을 추구하
고 있기 때문이다. 그러나 마르크스는 헤겔로부터 이
이념이 변증법적임을 배웠고 스스로 이러한 통찰에 이
바지하고 있다는 것도 알고 있다.

마르크스도 이 이념의 법칙, 그 변증법적 구조, 자유
는 '고독으로부터의 해방'이라는, 그 부정적 내용을 따
르고 있다. 마르크스는 일찍이 《독일 이데올로기》에
서 공산주의적 의미에서 보면 자유는 우리가 원하는 것
을 할 수 있고, 또 하게 하는 개인적인 자유를 말하고,
또 사냥꾼이나 어부나 목동이나 비평가가 아니더라도
나의 욕망에 따라 아침에는 사냥을 하고 오후에는 낚시
를 하고 저녁에는 짐승을 돌보고 식사후에는 비평을 하
는 것을[33] 가능하게 만드는 사회라고 말한다.

여기서 자유는 구속을 받지 않고 의무에 속박되지 않

는 것이다. 늙은 마르크스는 분명히 좀더 조심스럽다. 그는 ≪자본론≫ 3권의 끝부분에서 자유를 다루는데, 이제는 '인간은 어떠한 사회 형태에 있어서나, 가능한 모든 생산 양식에 있어서나' 자연과 싸우지 않으면 안 된다고 말한다. '자연적 필연성의 왕국'은 지양될 수 없고, 자유의 참된 왕국은 오직 '저 필연성의 왕국을 기반으로 해서만 꽃필 수' 있다는 것이다. 그러나 그는 종전의 사상의 일면을 그대로 간직하고 있다. '사실 자유의 왕국은 강요와 외부적인 합목적성(合目的性)에 의해 규정되는 노동이 폐지되는 곳에서 비로소 시작된다. 그러므로 이 왕국을 문제의 성질로 보아 고유한 물질적 생산 영역의 피안에 있는 것이다.' 이러한 점에서만 사회화된 인간은 적은 노력을 들여서 인간성에 가장 상응하고 가장 적합한 조건 밑에서 자연과의 신진대사를 할 수 있다는 주장이 성립되는 것이다.[34]

역사가 이와 같은 과정을 밟지 않을 수 없고 바로 다음 단계는 자유의 이념이 새롭고 포괄적인 형태로 실현되는 공산주의 국가라는 데 조금도 의심을 품지 않는다. 그러나 마르크스는, 어떤 점에서는 변증법적 실재(實在)와 변증법적 현상을 헤겔보다도 더 정확히 보면서도 변증법의 다른 측면을 인식했다. 그는 헤겔의 슬기로운 제자로서 그의 변증법적 공식을 받아들이기는 했으나, 낡은 것이 부정될 때 비로소 새로운 단계가 성립된다는 것을 알게 된다. 여기에서 마르크스 이론의 가장 놀라운 부분이 성립된다. 곧 공산주의가 등장하는 자유의 다음 단계는 자본주의가 지양되고 파괴된 다음에 비로소 성립된다는 것이다. 마르크스의 생각으로는 자유는 직접 등장하는 것은 아니다. 마르크스가 거침없이 예언한 바에 따르면 자유는 프롤레타리아의 독재에 의해서 비로소 실현된다. 그러나 프롤레타리아의 독재는 자유와 반대되는 것이라고 말할 수 있다.

우리는 자유에 대한 근대적인 두 가지 표상을 서로 비교해 보고 싶었을 뿐이다. 이제 우리는 헤겔의 표상은 이론적 고찰로서, 마르크스의 표상은 강력한 정치적 실재로서 나타난다는 것을 알게 되었다. 그러나 이러한 대비(對比)는 변증법적 현상과 변증법적 사고의 구조를 밝히는 데 도움이 된다. 후에 더 자세히 설명하겠지만 이러한 대비를 통해 밝혀지는 것은 다음과 같다. 곧 모든 변증법적 현상과 이 현상에 대한 모든 개념은 한편에 있어서는, 다시 말하면 있어서는 안 될 것에 대해서 분명한 규정이 가능하다. 그러나 다른 한편에 있어서는, 다시 말하면 제거작용이 실행된 다음에 있게 되는 것에 대해서는 애매하다.

헤겔은 지나간 역사에 국한시켜서 그가 살고 있는 당대까지만 자유의 변증에 대해 변증법 고찰을 가한 다음 여기서 변증법적 논증을 중단시킨다. 그러나 마르크스는 이 논증을 계속한다. 헤겔이 자유로부터 무엇이 생겼는가를 알고 싶어했다면 마르크스는 다음 단계에서 자유가 무엇이 '될 것인가'를 인식하고 싶었던 것이다.

9. 헤겔과 마르크스에 의한 시민 사회의 변증법

헤겔에 있어서는 자유의 변증법이 세계사를 결정하고 마르크스의 경우에도 자유의 문제가 인류 역사에서 결정적 위치를 차지한다면 각 시대는 자유가 도달한 각 단계에 의해 규정되고 측정될 수 있을 것이다. 이것은 변증법적 발단(發端)의 귀결이다. 그리고 헤겔과 마르크스는 그들의 시대와 이 시대가 속해 있는 자유의 단계와, 이에 상응하는 자유 의식의 특징을 살피면서 그들 나름의 규정을 내린 것이다.

헤겔은 ≪법철학개설(法哲學槪設)≫에서 그의 시대의 사회적 상태를 설명한다. 제3편 제2절의 '시민 사회'의 설명은 이상하게도 거의 주목을 끌지 못했다. 마르크스도 이 부분을 읽어 보았는지는 좀 의심스럽다. 헤겔의 시민 사회에 대한 설명은 받아들일 만하고 마르크스의 시민 사회에 대한 설명보다 더 그럴 듯하다. 마르크스의 설명은 상세한 점에 이르기까지 완전히 헤겔의 설명과 일치한다. 그러나 놀랍게도 마르크스는 비판적으로나 긍정적으로나 헤겔 사상의 이 부분을 인용하지 않는다.

마르크스는 이미 말했고 또 앞으로 자세히 설명하겠지만, 시민 사회에 대한 헤겔의 설명이 그 자신의 설명과 동일하다는 것을 몰랐을까? 마르크스는 이 설명을 읽기는 했으나 잊어버렸기 때문에 새로이 전개한 것일까? 이에 대해서는 알 길이 없고 다만 여기서 두 사상가가 변증법적 사고라는 동일한 도구를 이용하여 동일한 결과에 도달했다는 것을 확인할 수 있을 뿐이다.

 시민 사회에 대한 헤겔의 설명에 접하면, 그 비판적인, 아니 오히려 음울하고 애수적인 내용에 놀라게 된다. 헤겔 전집에서 화해(和解)의 톤이 전혀 없는, 이와 같이 음울한 곳은 찾아보기 어렵다. 헤겔은 시민 사회를 용서없이 무자비하게 묘사하고 가장 어두운 빛깔을 칠해 놓은 것이다.

 헤겔은 '시민 사회에서는 각자에 있어서 그 자신이 목적이 되고 모든 다른 것은 일고의 가치도 없다'고 말한다. 이 사회의 기초를 이루고 있는 '이기적 목적은 그 실현에 있어서 일반성의 제약을 받으면서 전반적인 종속 체계의 기초를 놓으며', 따라서 우리는 이 '체계를 우선 외적 국가(外的國家)—욕구 및 오성(悟性)의 국가라고 볼 수 있다.'[35]

 그러면 헤겔은 어떻게 해서 시민 사회의 이러한 특성을 파악했는가? 국가철학의 체계에 있어서는 시민 사회는 가족의 해체를 드러내는 구성물로 설명되는데, 헤겔에 있어서 시민 사회는 '가족과 국가 사이의 중간 단계'이며, 헤겔에 의하면 시민 사회는 근대 세계의 산물이다. 따라서 이러한 표상을 따른다면 근대의 시민 사회는 국가와 민족 사이의 중간 상태이다.

그러나 헤겔이 시민 사회에 부여한 체계상의 위치는 헤겔이 시민 사회에 부여한 부정적 특성을 해명하는 것은 아니다. 헤겔에 의하면 부정적 특성은 시민 사회가 성립된 근원을 알 때 비로소 밝혀진다. 헤겔은 시민 사회를 욕구 체계의 산물이라고 이해한다. 한편 이 사회의 기초를 이루고 있는 욕구의 체계는 무제한하고 무한히 다양한 욕구의 체계다. 욕구를 증대시켜 새롭고 특수한 욕구를 만들어 내는 능력은 분명히 인간의 특성이다. 이러한 특성이 '제한된 욕구를 만족시키는 제한된 범위의 수단과 방법'을 가진 다른 동물로부터 인간을 구별한다. 그런데 헤겔에 의하면 인간은 욕구와 그 욕구를 만족시키는 수단을 무한히 계속해서 증대시킨다.[36]

따라서 마르크스에 의하면 시민 사회의 특성은 본래 욕구의 '탈한계'와 욕구 충족 수단의 '탈한계'에 있으며, 헤겔의 말을 빌리면 '모든 측면으로 뻗어나가 욕구를 충족시키는 것'[37]이다. 그리고 헤겔은 다음과 같이 계속해서 말한다. '시민 사회는 이러한 대립과 대립의 착종(錯綜)에 있어서 일탈, 불행, 그리고 육체와 인륜(人倫)의 양면에 공통되는 파멸을 구경거리로 제공한다.'[38]

헤겔은 무디고 추상적인 언어로 시민 사회에 대한 그의 사상을 전개하면서 동시에 시민 사회의 변증법을 서술한다. 이 변증법은 헤겔이 앞에서 말한 것에 그 근원을 두고 있다. 시민 사회 내부에서는 인간은 표상과 반성을 통해 욕구를 확대하고 '따라서 이 욕구는 악무한(惡無限)에 빠지게 된다.' 그러므로 이 사회의 근본 원리에는 이미 일탈과 무절제가 있는 것이다. '일탈의 형태는 절제가 없는 것'이며 한편에 있어서는 '부족과 곤궁'도 마찬가지로 '무절제한 것이다.'[39]

여기에서 무엇보다도 마르크스가 헤겔 사상의 이 부분을 완전히 계승했거나, 또는 적어도 새로이 전개시켰다는 것이 분명해진다. 헤겔은 몇 개의 절(243, 244, 245)에서 시민 사회의 전개와 그 변증법을 말하면서 마르크스가 자본론에서 상세하고 폭넓게 서술한 바를 앞질러 설명하고 있다. 그는 몇 가지 명제를 통해 마르크스의 이른바 자본 축적설과 하층사회 빈곤화설(下層社會貧困化說)을 제시한다. 곧 헤겔은 다음과 같이 말한다. '시민 사회가 아무런 방해도 받지 않고 작용한다면' 시민 사회는 '식민(植民)과 공업화를 계속 진행시킬 것이고' 그 결과로 '한편으로는……부의 축적, 또 한편으로는 개개의 노동의 개별화와 제한, 따라서 이러한 노동에 종사하는 계급의 종속과 빈곤……'[40]이라는 두 가지 사태가 벌어진다는 것이다.

우리는 마르크스 사상의 특징이 되고 있는 노동계급이라는 개념이 이미 어느 정도 제시되어 있는가를 보기 위해 헤겔을 축어적으로 인용했다. 여기에는 마르크스가 예언하게 될 역학(力學)에 대한 설명도 있지만 이는 제외했다. 곧 한편에는 자본가에 의한 부의 축적이 있고, 또 다른 한편에는 프롤레타리아의 빈곤화가 있다는 것이다. 헤겔은 프롤레타리아트라는 이름을 붙이지는 않았지만, 이러한 상태도 설명하고 있다. 그는 '거대한 집단의 생계방식이 정도 이하로 전락하면(마르크스의 빈곤화)……하층 대중이 탄생하게 되며, 하층 대중의 탄생은 그 대가로 소수의 손에 과도한 부(富)를 매우 쉽게 집중시킨다.'[41]

따라서 시민 사회의 이율배반은 해소될 수 없는 이율배반에 빠지게 된다. 헤겔은 다시 다음과 같이 말한다. '부의 과잉에 의해 시민 사회가 충분히 부유해지는 것은 아니다. 다시 말하면 시민 사회는 빈곤의 과잉과 하층 대중의 탄생을 조절하는 특수한 능력을 충분히 소유하고 있지 못하다.'[42] 여기에서 헤겔이 말하는 시민 사회의 변증법은 끝난다. 오직 간단한 암시가 남아 있을 뿐이다. 헤겔은 '이러한 변증법을 통해 시민 사회는 자기 자신을 넘어서게 된다'고 말한다. 그는 마르크스가 전개시킨 바와 같은 귀결, 곧 혁명이 시민 사회를 해체시킨다는 결론을 내리지는 않는다. 그는 시민 사회가 자기 자신을 넘어서는 것은 시민 사회의 생산품의 판로 개척, 곧 새로운 소비자를 발견하고 식민화하지 않을 수 없는 강제성 때문이라고 생각한다.[43]

마르크스를 약간이라도 알고 있는 사람은 헤겔이 완전히 그리고 상세한 점에 이르기까지 자본주의의 변증법을 묘사하고 앞질러 설명했다는 사실을 조금도 의심하지 않을 것이다. 마르크스는 이 변증법을 보다 더 포괄적으로 설명하고 이 변증법의 국민 경제적 기초를 놓고 광범하게 전개시켰을 뿐이지 핵심은 동일하다.

물론 마르크스는 이 변증법을 더 진행시킨다. 그의 손으로 변증법은 미래를 앞질러 파괴하는 도구로 변한다. 헤겔이 거부했던 일을 마르크스는 서슴지 않는 것이다. 변증법은 미래를 열어 주고 변증법적 도구는 이론적·명상적인 것에서 미래를 예측하는 것으로 믿어지는 예언적인 것으로 변한다.

왜냐하면 마르크스는 이제 노동·욕구 및 욕구충족의 변증법이라는 헤겔의 출발점으로부터 계급투쟁의 변증법을 전개시키기 때문이다. 계급투쟁의 변증법의 기초에는 역사는 자유의식의 진보가 아니고, 계급투쟁의 역사라는 명제가 있다.

역사 속에서 일어났던 일은 이제 새로이 되풀이된다. 자본가 계급은 노동자 계급에 대립된다. 프롤레타리아와 부(富)는 변증법적 대립을 보여 준다고 마르크스는 가르쳐 준다. 이러한 대립의 부정적 측면으로서의 프롤레타리아가 자본주의를 지양하고 자본주의를 혁명적으로 개조할 때 이러한 대립이 해소될 수 있고, 또 해소될 것이라고 마르크스는 말한다. 그런데 이것은 단지 시민 사회의 종말이 아니라 계급사회 일반의 종말이라는 것이다. 역사의 새로운 장(章)이 시작되고 그 서두에 세계 혁명이 있다는 것이다.

이와 같이 마르크스는 한 시대의 종말과 새로운 시대의 시작을 예언한다. 이 새로운 시대와 함께 자유의 참된 왕국이 시작된다고 그는 생각한다. 그리고 마르크스 사상의 옹호자들이 권력을 잡고 있는 곳에서 보여 주는 것은 사실상 한 시대의 종말이다. 그러나 거기서 종래의 자유 개념이 종말을 고한 것은 사실이라 하더라도, 자유의 왕국은 싹조차 트지 않았다.

여기서 헤겔과 마르크스의 시민 사회 분석으로부터 무엇이 시작되었는가를 알아보기 위한 우리들의 비교는 끝난다. 곧 두 사상가에 있어서 시민 사회는 인간과 인간사회의 근대적 운동에서 생긴 가변적이고 역학적인 상태다. 두 사상가가 시민 사회에서 발견한 것은 변증법적 현상이라고 말한다면 그것은 단지 표현을 달리한 데에 지나지 않는다.

그러나 두 사상가의 길은 아직도 계속된다. 시민 사회의 변증법은 인간의 변증법의 현대적 표현인 것이다.

헤겔은 욕구와 욕구충족 수단의 다양화에서 이 변증법을 찾는다. 그는 시민 사회를 탈한계적 욕구와 그리고 욕구충족의 탈한계적 가능성으로 그것을 설명한다.

그는 마르크스가 말하는 자본주의의 특별한 변증법에 대해서도 말하고, 한편으로는 탈한계적 사치를 말하고, 또 한편에는 빈곤과 불행을 대립시킨다. 그는 부의 과잉이 있으면서도 시민 사회는 하층 대중의 탄생 및 그 빈곤화를 억제하지 못한다는, 후에 마르크스가 세운 것과 동일한 공식을 정확하게 발견한다. 그러나 여기서부터 두 사상가의 차이가 나타나기 시작한다. 헤겔은 욕구의 무제한성에서 변증법적 원현상(原現象)을 파괴하는 데 반해, 마르크스는 다른 측면에서, 곧 끊임없이 계속되는 분업화된 인간의 노동에서 이러한 변증법을 찾는다. 사회를 전진시키는 것은 인간의 노동인데, 사회에는 항상 생산력과 생산관계의 새로운 대립이 다시 발생한다는 것이다.

이제야말로 헤겔의 길과 마르크스의 길은 궁극적으로 갈라진다. 그들의 길이 갈라지는 경계는 시민 사회의 분석이 아니라, 분석에 의해 이끌어 낸 결론이다. 헤겔은 변증법을 미래에까지 확대해서 적용하지는 않는다. 그의 경우에는 현재를 설명하는 것으로 과업은 끝난다. 변증법 방법으로 과거와 현재를 보여 줄 뿐이다.

그러나 마르크스는 현재의 분석에 의해 미래를 밝힐

수 있다고 믿고 **변증법**을 예후적(豫後的) 도구로 사용한다. 현재는 과거의 종결일 뿐 아니라 미래의 전단계(前段階)라는 것이다. 변증법적 방법이 역사의 올바른 법칙을 찾는 수단이라면, 변증법은 미래를 예측하는 수단으로 되지 않을 수 없다는 것이다.

이러한 수단이 정당한 것이라면 그것은 과학적인 수단인가? 오늘날의 관점에서 이 물음에 대답하려고 한다면 의견은 엇갈리게 마련이다. 마르크스가 장차의 사태의 특징을 바르게 파악했다는 주장도 있기는 하다. 그러나 현실적인 전개는 다른 방향으로 진행되고 있다는 것, 따라서 마르크스가 예언한 길은 나타나지 않았다는 것은 부인할 수 없는 일이다.

이와 같은 방법으로는 이 문제는 해결되지 않는다. 이 문제는 오직 변증법적 방법이 어느 정도로 진리 발견의 수단이 될 수 있는가, 또한 변증법적 방법에 있어서 진리는 무엇인가 하는 원칙적 문제가 제기될 때 비로소 결론을 찾아낼 수 있을 것이다. 그러므로 우리들은 이 문제를 변증법적 사고의 원리와 타당성에 대한 연구에 미루기로 한다.

㊟
1. 카시러 《인식의 문제》 1권에서 인용
2. 루터 《기독교인의 자유에 대하여》
3. 토마스 모어 《유토피아》
4. 베이컨 《신아틀란티스》

5. 베이컨 ≪신아틀란티스≫
6. 헤겔 ≪정신현상학≫
7. 칸트 ≪순수이성비판≫
8. 칸트 ≪단순한 이성의 한계 내에서의 종교≫
9. 카시러 편 ≪칸트 전집≫ 서한편
10. 에르드만 ≪칸트의 순수이성비판의 이념≫
11. 칸트 ≪인간학≫
12. 랑게 ≪유물론사≫
13. 부르크하르트 ≪세계사적 제고찰≫
14. 부르크하르트 ≪세계사적 제고찰≫
15. 헤겔 ≪현상학≫
16. 헤겔 ≪역사철학 강의≫
17. 헤겔 ≪현상학≫ ≪역사철학 강의≫에도 같은 말이 나온다.
18. J. 호프마이스터 편 ≪헤겔의 왕복 서한집≫
19. J. 호프마이스터 편 ≪헤겔의 왕복 서한집≫
20. 헤겔 ≪현상학≫
21. 니체 ≪권력에의 의지≫
22. 니체 전집 18권
23. 키에르케고르 ≪일기≫
24. 키에르케고르 ≪이것이냐 저것이냐≫
25. 키에르케고르 ≪완결적인 비문학적 후서(後書)≫
26. 키에르케고르 ≪철학적 단편≫
27. 니체 ≪비극의 탄생≫에 대한 단편(斷片)
28. 니체 ≪고찰에 대한 사상—우수의 철학≫
29. 니체 ≪비극의 탄생≫에 대한 단편(斷片)
30. 니체 ≪권력에의 의지≫
31. 니체 ≪비극의 탄생≫에 대한 단편(斷片)
32. 헤겔 ≪역사철학 강의≫
33. 마르크스, 엥겔스 ≪독일 이데올로기≫
34. 마르크스 ≪자본론≫
35. 헤겔 ≪법철학개설≫
36. 헤겔 ≪법철학≫
37. 헤겔 ≪법철학≫
38. 헤겔 ≪법철학≫

39. 헤겔 ≪법철학≫
40. 헤겔 ≪법철학개설≫
41. 헤겔 ≪법철학개설≫
42. 헤겔 ≪법철학개설≫
43. 헤겔 ≪법철학개설≫

제3장. 언어의 변증법적 현상

1. 진리 개념의 예비적 검토

매우 소박한 진리 개념이 있다. 이 개념에 있어서는 암암리에 대체로 존재하는 것은 참되다고 판단된다. 현실적으로 여기에 있는 것, 현전(現前)하는 것, 현존하는 것은 참되다는 것이다. 현존하는 것은 참되다고 하는 소박한 견해는 원시인들에게서도 볼 수 있고, 어린이들에게서도 볼 수 있다. 헤겔이 '이성적인 것은 현실적이고 현실적인 것은 이성적이다'라고 가르칠 때, 이제 이 견해를 소박하다고 할 수는 없으며 오히려 헤겔에 있어서는 반성적 파악인 것이다.

그때그때의 현상일반(現象一般)으로의 현실적인 것의 소박한 표상이 진리 개념을 간직하고 있다고 하는 경우 여기에는 분명히 논쟁의 여지가 있다. 사실상 참되지 못한 것이 존재하지 않는 한 진리에 대해서 말한다는 것은 불가능하다고 반대할 수도 있다. 이러한 고찰로부터 다음과 같이 추리할 수도 있다. 곧 모든 현상이 참된 것이 아니라 참된 것과 함께 참되지 않은 것이 발견되고 규정되는 경우에 비로소 원래의 의미에 있어서 진리를 말할 수 있다.

사실 소박한 사고의 영역에서는 모든 현상이 '참되지는' 않다는, '참된' 현상과 '참되지 못한' 현상이 있다는 표상과 통찰이 한결같이 생긴다. 진정한 현상과 허위의 현상이 명백해지는 것이다. 우리는 기만을 알아차리게 되고 특히 사람의 입에서 나오는 거짓말을 식별케 된다.

'참되지 못한' 현상으로부터 '참된' 현상이, 따라서 일반적으로 참되지 못한 것으로부터 참된 것이 분리될 때 비로소 본래의 의미의 진리 표상이 탄생한다. 참되지 못한 것에 대한 기준이 없으면 참된 것에 대한 기준도 있을 수 없다. 현상화(現象化)되는 세계와 현상으로서 존재하는 것이 '참된 것'과 '참되지 못한 것'이라는 영역으로 분리될 때 비로소 본래의 진리 표상에 대해 말할 수 있다.

진리 표상을 이끌어 내기 위해 긴급히 필요한 구분 중의 하나는 언제나 존재와 가상(假象)의 구별이다. 이러한 구분에서 직접 기만과 허위에 마주치게 된다. 본래의 자기와는 다르게 나타난 존재자는 기만이 된다. 존재하는 것에 대해 거짓 보고를 하거나 변경을 시키는 진술 또는 서술은 허위이다. 존재자가 존재자를 은폐하고 있는 가상으로 변경하는 경우에는 언제나 이 가상은 참되지 못하고 부정한 것이라는 외양(外樣)을 갖게 된다.

그러나 참된 것과 참되지 못한 것을 이와 같이 구별할 때 이미 진리의 문제가 제기된다.

분명히 가상은 기만적이고 참되지 못한 것이지만 가상에도 진리가 나타나는 경우가 있다.

인간의 정신은 끊임없이 동일한 존재가 다양하고 가변적인 현상으로 나타난다는 것을 경험하고 있다. 가장 소박한 사고조차도 여러 가지 면에서 이러한 사실을 깨닫고 있다.

그러나 가상은 외관(外觀), 현상, 형상(形像), 모사(模寫)로서 참되고 현실적인 것의 한 부분이라고 하는 표상이 성립되면 앞에서 말한 '참된 것'과 '참되지 못한 것'의 한계는 다시 사라진다. 이와 같은 표상은 결코 학문적인 사고에만 나타나는 것은 아니다. 모든 시대, 모든 문화에 속하는 사람들이 가상에도 일부분의 현실성이 있다는 것을 경험해 왔음에 틀림없다. 우리는 빙하시대(氷河時代) 사람들의 동굴화(洞窟畵)와 인간을 주제로 한 고대의 서사시의 기초에는 이러한 경험이 있다는 것을 알고 있다.

인간의 현존재의 원형(原型)이 이미 현실을 기초적 또는 형태적으로 파악해 왔다면, 그리고 어느 시대에나 존재자가 형상이나 언어로 구체화되었다면 참된 것과 참되지 않은 것의 구별은 가상과 존재의 구별과 궁극적으로 일치할 수는 없다. 어린 아이는 인형을 현실적인 인간으로 생각하듯이 원시인은 분명히 마술적 형상이나 시를 바로 현실이라고 보았던 것이다.

모든 형상, 시를 포함한 상징적 또는 예술적 작품은 가상 또는 현상으로서 현실로부터 나온 것이거나 현실을 반영하는 것이다. 이것은 분명히 존재 사이에 현상과 현상에 나타난 현실 사이에 마술적이고 그 나름으로는 '참된' 관계를 성립시키는 것을 방해하지 않는다.

진리의 원시적이고 소박한 표상—어쨌든 여기에서 이미 진리를 문제로 삼고 있다고 인정한다면—은 결코 사라지지 않으며, 이 표상은 예전과 마찬가지로 오늘날 인간의 삶에서도 의미를 갖고 있다. 그러나 우리의 표상, 특히 우리들의 진리 개념은 이미 이와 같이 소박한 진리 개념의 수평선으로부터는 파악되지 않는다. 인간의 사고가 수천 년 동안 지속되면서 보다 광범한 진리 표상이 강렬해졌고, 이 표상을 우리는 총괄해서 학문적 표상이라고 부를 수 있는 것이다.

학문적 진리 표상과 진리 개념의 기원은 인식—체험적·직관적 인식이 아니라 사고의 관념 밑에서 현상계를 체계적으로 파악하는 인식—에 있다. 이 경우 오직 존재 또는 현상의 지평선과 가상의 지평선으로부터만 진리가 규정될 수는 없는 것이다. 여기서는 진리는 사상적 연관, 사상의 체계, 사상의 질서와 관련되어 있다.

따라서 원래 진리라는 확실한 사고의 훈련과 방향으로부터 생기는 것이라고 규정된다.

 학문적 진리 발견의 최고의 형식의 하나는 수학임을 인정할 권리를 우리는 갖고 있다. 여기에는 이러한 진리의 특수한 기준이 제시되어 있다. 산정(算定)된 답은 확실하며 그것은 현상에 따라 변화하지 않는다. 그것은 현실성을 가진 어느 정도 독립적인 지속체(持續體)이지만 사고의 방법적 과정에서 비로소 발견된다.

 이러한 진리는 이미 소박한 것이 아니다. 다시 말하면 이러한 진리는 직접적인 직관이나 체험에 나타나는 것은 아니며, 현상과의 직접적인 조우(遭遇)에서는 밝혀지지 않는다. 이러한 진리는 '비은폐성(非隱蔽性)'이라는 의미의 진리가 아니라 항상 개방되어 있는 진리다. 그러나 이러한 진리의 본질적인 우월성은 그 확실성이다. 이러한 의미에서 참된 것은 언제나 참되다. 그것은 언제나 새로이 나타나고 반복된다.

 이와 같이 학문적 진리가 확실한, 다시 말하면 가상과 현상으로부터 독립된 진리로서 나타난다면, 이러한 진리는 온갖 진리 탐구와 진리를 찾는 온갖 노력에 드러나 있는 욕구를 충족시켜 줄 것이다. 그러나 이러한 진리는 교의(敎義)나 종교적 진리와는 다른 형태로 이러한 욕구를 충족시켜 준다. 종교적 진리는 전승(傳承)·전통·신성화에 의해 확실한 것이 되지만 학문적 진리는 인간의 인식의 원천으로부터, 따라서 올바르게 가다듬어진 사고는 궤도에서 벗어나지 않는 한, 언제나 같은 결과에 도달하는 진리에의 접근로를 찾아낸다는 사실로부터 그 확실성을 얻는다.

여기서 진리는 일정한 조건 밑에서 반복해서 나타나는 것으로서 경험된다. 그러므로 피타고라스의 공리는 처음 발견되던 때와 마찬가지로 오늘날에도 올바르다. 그러므로 모든 실험은 반복해서 동일한 결과에 도달하는 한 올바르다.

우리의 의도는 앞에서 본 시사에 따라 진리 개념의 역사를 전개하려는 것이 아니고, 우리의 목적은 이러한 진리 개념을 세분해서 일일이 추적하는 데 있는 것은 아니다. 오직 일종의 역사적인 주의를 덧붙이고 싶을 뿐이다. 방법적·과학적 인식으로부터 나오는 확실하고 독립적인 진리라는 표상은 종교적 체험으로부터 나오는 영원불변의 진리라는 표상과 경쟁 관계에 있는가 하면, 또한 결합되어 있기도 하다.

서양의 많은 사상가들의 경우, 전자의 진리 이념과 후자의 진리 이념은 일치점을 찾지 못한다. 그럼에도 불구하고 서양의 사상가들은 두 이념을 일치시키는 데 가장 큰 노력을 기울여 왔다. 옛적부터, 심지어 근대적인 사고의 시대에 있어서도 종교적 진리를 과학적 진리와 일치시키고 전자를 후자에 귀속시키려는 목표는 잊혀지지 않았다. 중세 사상은 다른 형태로의 목표를 추구했다. 근대적 사고의 시대에 있어서는 두 철학자가 특징적이다. 데카르트는 기독교적 형이상학과 철학을 과학적 진리 표상 속에 확보하겠다는 커다란 소망을 갖고 있다. 그러므로 그는 기독교적 형이상학의 모체인 철학을 과학의 서열, 곧 그 증명이 '확실성이나 명증성(明證性)에 있어서 기하학적 확실성이나 명증성에 필적하고 오히려 기하학적인 확실성이나 명증성을 능가하는 ……'[1]것으로 이끌어 올리려고 한다. 한편 데카르트는 철학을 오늘날의 이른바 정확한 진리를 수립하는 학문으로 만들 수 있는 새로운 방법을 발견했다고 믿는다.

철학사를 근본적으로 알고 있는 사람은 데카르트의 이러한 노력은 끊임없이 반복되어 왔다는 것을 알고 있다. 그러나 그는 데카르트나 그 밖의 사상가들의 노력이 철학적으로는 일반적이고 적절한 해결로 받아들여지지 않았다는 것도 알고 있다. 오히려 데카르트의 ≪명상≫보다 150년 후에 간행된 ≪순수이성비판≫에서 데카르트와 다른 사상가들이 걸어온 길은 사실은 통행 불능한 길이었다는 것이 갑자기 밝혀진다.

칸트는 철학을 확실한 학문의 길 위에 올려놓으려는 의도를 버리지 않았으며, 이 점에 있어서 그는 데카르트가 몰두해 있던 목표에 충실했다. ≪순수이성비판≫의 제1편은 전적으로 이러한 소망에 이바지한다. 제1편에 제시된 〈선험적 방법(先驗的方法)〉의 완성은 철학을 확실한 학문으로 만드는 데 손색이 없다. 그러나 ≪순수이성비판≫ 제2편에서는 형이상학적 종교적 사고의 영역 문제들은 어느 것이나 확실한 진리라는 의미에 있어서는 어떠한 대답도 얻지 못하다는 것을 증명하려고 한다. 칸트는 설명이 나온 이후로는 이러한 문제는 모두 과학적 진리 탐구의 영역에서 제외된다. 여기서는 정확한 증명이라는 의미의 해답은 찾을 수 없고 모든 것이 오직 변증법적으로 해소될 뿐이다. 신의 존재는 이론과학적 대답으로서는 결코 제시될 수 없고 이러한 의미에서는 진리로써 증명될 수도 없다. 신의 존재는 오직 실천이성(實踐理性)의 진리로써 승인될 뿐이다.

데카르트로부터 칸트에 이르는 근대철학의 드라마는 거의 2세기 동안 계속된다. 그러나 이것은 종교적 진리가 불신을 받고 이성적 진리가 한정되는 드라마일 뿐 아니라, 과학적 개념이 그 종말로 기울어져 가는 드라마이기도 하다. 과학적 진리개념은 정체적(停滯的)이고 무시간적(無時間的)이며, 이러한 의미에서 절대적으로 확실하다고 하는 진리 개념인 것이다.

2. 역설의 변증법적 현상

소박한 진리 표상은 어떤 형태로든 언제나 현상과 결

부되고 또 현상에 의존한다. 소박한 표상에 있어서는 참된 것은 현상화되는 것, 따라서 이러한 의미에 있어서 현실적인 것이다. 그러나 소박한 진리 개념은 모든 현상이 참되지는 않다는 사실에 부딪친다. '가상', '기만', '허위'도 역시 현상화되고, 따라서 현상계를 참된 현상과 참되지 못한 현상으로 구분하는 것은 불가피하다. 그러므로 어떠한 형태로든 진리 개념이 제시되는 경우에는, 참되지 못한 현상으로부터 참된 현상을 구별하는 기준도 동시에 제시되어야 한다. 그러므로 소박한 진리 개념도 기만적 가상과 현실적 현상의 차이를 식별한다. 이러한 의미에서 소박한 진리 개념에 있어서도 가상과 존재, 사이비 현실과 참된 현실은 구별된다. 어떠한 기준에 따라 진리가 정립되는가, 또한 현상의 어떠한 국면을 참된 것으로 볼 것인가 하는 것이 결정됨에 따라 참되지 못한 것의 또 다른 국면이 나타난다.

그리스 사상의 가장 위대한 공적 중의 하나는 존재와 가장, 현상과 현실의 구별이 특이하게 극단화된 일군(一群)의 사실을 파악하고 있었다는 것이다. 이러한 현상은 엘레아 학파의 제논에 의해 가장 날카롭고 가장 분명하게, 그리고 후세의 모범이 될 정도로 증명되었다. 그런데 전하는 바에 따르면 제논은 파르메니데스의 제자이고 방자(房子)였다고 한다.

한편 파르메니데스는 올바른 진리의 길에 대한 교훈

시(敎訓詩)에서 반쯤은 시비적인 형태로 최초의 방법 개념을 전개시켰다. 그는 영혼이 진리를 발견하는 길을 지시하려고 했으며, 최초로 존재자의 이론을 전개시켰는데, 그는 존재자를 인식될 수도 진술될 수도 없는 비존재자(非存在者)로부터 구별한다. 그의 제자 제논은 존재와 비존재에 대한 엘레아 학파의 이론을 옹호하기 위해 이른바 역설을 제시한다. 그런데 이 역설은 변증법적 현상인 것이다.

제논이 아킬레스와 거북이의 경주, 나는 화살 등 유명한 예를 들어 일반적으로 운동에 대한 역설을 제시한 다음부터 이 예는 끊임없는 검토의 대상이 되었고, 항상 새로운 변형으로 등장했다. 이러한 예는 개별적으로는 여러 가지 차이점을 갖고 있지만 근본형식에 있어서는 일치한다.

제논 자신은 이 현상을 운동에 대한 예에서 보여 준다. 일정한 전제를 세우고 이 전제를 논리적으로 전개시키면 운동에 대한 분석은 사고상으로는 어떠한 운동도 존재하지 않는다는 결론에 도달하게 된다. 그러므로 제논은 경주 중에 아킬레스가 거북이를 앞지르지 못한다고 가르친다. 거북이가 1미터 앞서서 출발했다는 형태로 이 경주를 생각한다면 아킬레스가 1미터를 달리는 동안에 거북이는 그 10분의 1 곧 10센티미터를 전진했다고 생각할 수 있고, 따라서 아킬레스는 결코 거북이를 앞지르지 못한다. 왜? 거북이는 언제나 아킬레스가 전진한 거리의 10분의 1을 전진하므로 이러한 계산에 따르면 거북이는 선주거리(先走距離)를 상실할 수 없는 것이다. 이 거리는 계산상으로 점점 작아지기는 하겠지만 결코 없어지지는 않는다.[2]

이 이야기는 다음과 같은 사실을 알려 준다. 곧 운동에 대한 역설의 확실성을 논의하는 경우, 제논의 반대자들의 입장도 쉽게 성립되는데, 반대자들은 어쨌든 가고 있는 것만은 사실이므로 운동이 존재한다는 그들의 의견이 입증된다는 것이다. 또 하나의 반증은 이 반증과 마찬가지로 간단하다. 곧 계산 형식을 잘못 세웠다는 것이다. 거북이가 1미터 앞서서 달렸지만 아킬레스가 거북이보다 10배 더 빨리 달린다는 것을 고려하면 아킬레스는 순식간에 앞지르게 된다는 것이다.

그러나 두 가지 반증은 제논의 생각을 적중시키지 못했다. 그는 확실한 전제로부터 '정연하게' 수행된 사고에 있어서는 운동은 '존재하지 않는다'는 것을 확증한다. 그는 운동이 현상으로서 존재하고 목격할 수 있다는 것을 의심하는 것이 아니라, '사고작용'의 차원에서는 운동이 존재하지 않는다고 말하는 것이다. 이 점은 '나는 화살'에서 더욱 분명해진다. 모든 거리에는 무한히 많은 점이 내포되어 있다는 것을 인정한다면, 어떤 거리를 나는 화살은 임의의 시간에 일정한 장소에 있어야 한다. 그러면 화살은 언제 움직이는가? 화살은 각각의 점에 있어서 움직이지 않거나 또는 화살은 움직이면서 어떤 점에도 있지 않는 것이 된다.

상식으로는 아마 이러한 논의 전체가 미묘한 농담처럼 생각될 것이다. 상식적으로 생각할 때 공연히 따지기 좋아하는 사람만이 이런 까다로운 문제에 매달려 있을 것이다. 이른바 상식이 이와 같은 주장을 할 수 있는 권리를 갖고 있다는 점을 이의없이 인정하더라도 그 사고의 귀결에 있어서 현상을 '지나쳐 버리는', '정연하게' 사고된 사고 과정이 있다는 주목할 만한 딜레마는 남는다. 따라서 엘레아 학파에 속하는 사람으로서 오직 하나의 거대한 존재가 있을 뿐 비존재는 존재하지 않는다고 믿고 있었던 제논은 이러한 사고 과정으로부터 운동이 존재하지 않는다고 결론을 내린다. 그는 운동을 가상일 뿐 현실이나 존재는 아니라고 본다.

우리는 제논이 전개한 운동에 대한 역설의 논의에 관여하려고 하지 않는다. 우리는 무한계산(無限計算)의 발견에 의해서, 그리고 이 계산의 기초가 되고 있는 무한히 작은 것—더 이상 계산할 수 없는 크기로서의—에 의해서 제논의 문제의 일부분이 실제로 극복되었음을 인정한다. 그러나 사실상 아직도 풀지 못한 면이 남아 있다. 곧 무한히 작은 크기는 무(無)처럼 가정된 것에 지나지 않는다. 한편 제논이 처음으로 제기한 문제는 계속해서 추구된다. 곧 또 하나의 변증법적 현상으로 나타나는 것이다. 그 중 유명한 것은 아리스토텔레스의 동시대인인 밀레트의 에우불리데스가 말했다고 하는 이른바 '거짓말쟁이'의 역설이다. 크레타 사람 에피메니데스는, 모든 크레타 사람은 거짓말쟁이라고 말한다. 이 명제(命題)를 숙고해 보면 앞서와 마찬가지의 딜레마, 곧 역시 변증법적인 현상이 나타난다. 에피메니데스가 옳다고 한다면 모든 크레타 사람이 거짓말을 하는 것은 아니다. 에피메니데스 자신도 크레타 사람이면서 그는 참말을 하고 있기 때문이다. 그런데 이 점으로부터 생각해 본다면 만일 에피메니데스의 말도 거짓말이 될 것이다. 그렇다면 이 명제는 무의미해지고 기껏해야 어떤 크레타 사람은 거짓말을 한다는 주장이 되고 만다.[3]

여기에서 이번에는 진술의 형태로 근본 현상이 다시 나타난다. 이에 대한 예가 거짓말쟁이다. 어떤 사람이 방금 거짓말을 했다고 말할 때, 그는 거짓말을 한 것일까? 이 명제는 어떤 것과도 관계가 없기 때문에 내용이 없고 진술하는 바도 없다고 반론을 제기할 수 있다. 이러한 반론은 확실히 옳은 것이지만, 스스로 그 내용을 지양(止揚)해 버렸기 때문에 '사이비' 진술이 있다는 현상은 계속 성립되는 것이다.

상식의 입장에서는 역설을 웃어 넘기고 파악할 수 있는 현실을 문제로 삼는다. 상식적으로는 역설의 사고

구조(思考構造)는 아무런 쓸모도 없는 유희라고 생각될 것이다. 그러나 역설은 그리스인들의 정신을 불안하게 만들어서 그들은 역설의 현상을 논리학적으로 구명하게 된다. 아리스토텔레스는 논리적 현상과 규칙에 대한 이론을 세우고 올바른 사고와 그 형식을 규정하는 한편으로 변증법적 현상도 각별히 연구했다. 그는 논리학에서는 궤변과 올바르지 못한, 곧 비논리적 사고가 문제임을 입증하기 위해서는 그와 같은 연구를 하지 않을 수 없었다. 그리고 아리스토텔레스는 역설에 대한 논의를 전개시켰고, 그후 수세기에 걸쳐 이 논의는 새로운 형태로 전개되어 왔다. 곧 역설·허위·궤변의 기반은 잘못 시작된 사고에 있다는 것이다.

왜 이러한 사고는 잘못 시작되었는가 하는 것이 문제다. 이에 대한 간명한 대답은 이러한 사고는 목표에 도달하지 못하기 때문이라는 것이다. 그러나 목표라고 하는 것은 일의적(一義的)인 말이다. 모든 역설, 모든 허위, 모든 궤변은 이의적(二義的)인 진술을 하며 동일한 진술에서 두 가지 상호 배척인 사실은 모순이 아니라 자기모순이다.

역설적 현상에 대한 광범한 문헌에서는, 비록 그 관점은 각기 다르지만, 한결같이 이러한 사실을 인정하고 또 확정한다. 아리스토텔레스를 비롯하여 오늘날 집합론(集合論)에서 역설을 다루고 있는 대부분의 저자들은 역설과 이러한 종류의 변증법적 현상은 자기모순을 제시한다고 통찰하고 있다. 아리스토텔레스의 의도는 이러한 자기모순을 찾아내서 제거하려는 것이었고, 이러한 의도는 역설을 해결하려는 최근의 노력에서도 변함없이 반복되고 있다. 예를 들면 데이비드 힐버트가 그의 수학적 논리학(數學的論理學)에서 시도한 모순배제증명(矛盾排除證明)이나 러셀과 화이트헤드의 형식론에서도 반복되고 있다.

아리스토텔레스의 논리학은 전체적으로 모순 기피의 체계였다. 근대의 모든 논리 체계, 그리고 거의 모든 논리적 발전은 역시 언어로부터 모순을 배제하려는 체계이다. 그러나 이 경우 모순과 자기모순의 현상은 언어에 있어서 형식상 가능한 현상으로 지속된다는 점이 논파된 것이 아니다. 크레타 사람 에피메니데스와 모든 역설이 입증하듯이 우리는 임의의 형식으로 자기모순적인 진술을 할 수 있다. 이와 같이 보면 자기 모순적인 진술은 가능하다. 이미 아리스토텔레스에 의해 전개된 언어의 규칙―이 규칙 때문에 모순은 용인되지 않는다―을 지키는 진술만을 가능한 진술이라고 본다면, 자기모순적인 진술은 불가능하다.

그러므로 적어도 언어에는 변증법적 현상이 깃들어 있다. 우리는 이러한 현상을 모순, 또는 자기모순이라고 규정하고 그 근원적 특징을 확인한다. 다시 말하면 각각의 모순과 각각의 자기모순에 있어서 진술은 이의적이고 비결정적이다. 이 점은 모든 역설에 분명하게 나타나 있거니와, 또한 스토아 학파의 '악어의 추리(推理)'와 [4] 더 나아가 집합론에서 볼 수 있는 근대적 모순의 궤변 형식에 아마 가장 명백하게 나타나 있을 것이다.

이러한 종류의 역설로서 우리에게 전해 내려오는 것이 있다. 수사학(修辭學)을 배우려는 학생이 어떤 소피스트를 방문한다. 학생과 선생은 수업이 끝난 다음 학생이 최초의 소송에 이기면 수업료를 지불하기로 계약을 맺는다. 수업은 끝났으나 학생은 전혀 소송을 제기하지 않는다. 그래서 마침내 선생은 수업료 지불을 걸어 학생을 고발한다. 이때 학생은 내가 소송에 이기면 재판관이 수업료 지불을 면제해 주므로 지불할 필요가 없고, 내가 소송에 지면, 최초의 소송에서 지면 지불하지 않는다는 계약이 효력을 발생하게 된다고 말한다. 그러나 선생도 동일한 이론을 전개한다. 선생이 소송에서 지면 학생의 말대로 계약에 따라 지불해야 하고 소송에서 이기면 재판관의 판결에 따라 지불해야 한다.[5]

현대의 역설도 이러한 도식(圖式)과 일치한다. 예컨대 '다의미적인 것'과 '단일 의미적인 것'이다. 어떤 말에 고유한 의미가 주어지지 않는 경우에 일어나는 사태를 다의미적이고 짧은 또는 삼철(三綴)의 등과 같은 말이 단일 의미적이다.

그런데 다의미적이라는 말은 단일 의미적인 것인가, 또는 다의미적인 것인가? 이 말이 다의미적이라면, 이 말에는 그 고유한 의미, 곧 다의미적이라는 것이 귀속된다.[6] 역설에 있어서는 사고가 마치 그 자체에 말려드는 것 같다는 것이 모든 역설의 근본적 특색이다. 그러나 이와 같이 그 자체에 말려드는 사고는 제자리 걸음을 하며, 오직 역설의 메커니즘에 의해서만 전개될 수 있어서 모든 사고에서 추구되고 있는 기능을 보여 주지 못한다. 그것은 이의성에서 벗어나지 못하고 일의성에 도달하지 못하는 것이다.

이미 아리스토텔레스도 이러한 사실에 부딪쳐서 그 후 수세기 동안 교의(敎義)로서 군림해 온 진리 개념을 전개시켰다. 곧 진리는 오직 일의적인 진술에만 나타나며, 더 나아가 진리는 일의적 진술인 것이다. 이의적 진술이 생기는 경우에는 언제나 진리로부터 멀리 떨어져 있으며, 기만・허위・이의성의 왕국이 시작되는 것이다.

그후 거의 모든 철학자가 이러한 진리 개념에 따랐다. 데카르트와 칸트에 이르기까지 수세기 동안 계속된 철학의 방법론에 대한 거대한 장(章)은 일의적이고 확실하고 절대적인 진리를 보충할 수 있는 사고 형식을 개발하는 문제에서 맴돌고 있다. 이러한 목적을 위해 데카르트는 확실성에 있어서 기하학적 확실성에 필적한다고 하는 그의 방법을 고안해 냈고, 동일한 목적을 위해 칸트는 선험적 방법을 고안해 냈으며 후설은 현상학적 방법에서 동일한 목적을 추구한다.

그러나 자연과학적·수학적 사고는 현실적·사실적으로 모순적 진술을 엄격하게 방지하는 방법을 사용하고 있다는 점에서 철학적 사고를 안전하게 하려는 모든 노력보다도 우월하다. 적어도 고전 수학(古典數學)과 고전 물리학(古典物理學)의 영역은 진술의 이의성이 존재할 수 없는 공간에서 움직이고 있다.

이른바 절대적 진리를 소유하고 있는 수학적·자연과학적 사고의 이러한 우월성은 아리스토텔레스로부터 칸트를 거쳐 그 이후로 이어지는 시대의 특징이 된다. 그리고 수학적·자연과학적 사고는 이른바 절대적 진리를 소유하고 있기 때문에, 이러한 사고에는 이의적인 현상이 존재할 수 없기 때문에, 이러한 사고는 과학적 사고의 참된 형식으로 안정되기 때문에 철학은 오랫동안 자연과학적 사고에 의존해 왔고, 사실상 철학이 완전히 자연과학적 사고의 영향 밑에 놓여 있어야 한다는 위협을 받아 왔다.

이러한 진리 개념의 막중한 실제적 중요성은 근대 과학과 기술에 의해 입증되었고, 따라서 우리는 이러한 진리 개념의 성과를 의심하지 않으며 또한 일의적인 진리는 있을 수 없고 또 일의적 인식도 불가능하다는 회의나 궤변에 빠지는 오류도 범하지 않는다. 일의적 진리, 일의적 인식이 없다는 주장은 역설에는 이의적, 변증법적 현상이 존재한다는 사실 때문에 그 중요성이 지탱된다.

그러나 우리는 인간의 사유 및 언어의 변경 현상(邊境現象)으로서 변증법적 현상이—적어도 이미 말한 역설적 진술 범위 안에는—존재한다는 것을 부정할 수 없다. 그러나 이것은 이러한 현상을 더욱 연구해야 할 근거에 지나지 않는다.

3. 익살의 변증법

논리적 역설만을 본다면, 눈에 잘 띄지 않고 우스운 변증법적 현상을 보지 못한다. 그러나 시선을 약간만 돌려도 변증법적 현상은 논리적 역설에 나타난 것보다 더 광범한 범위에 걸쳐 있고, 그 사고의 차원도 더 깊은 기초를 갖고 있다는 것을 알게 된다.

익살은 일상 생활에서 중요하게 쓰이는 인간의 언어 및 사고 형식이다. 많은 철학자·심리학자·언어학자가 여러 가지 현상에 있어서 익살을 연구했다.

따라서 익살을 경험하는 방식은 참으로 여러 가지다.

특히 19세기에 있어 익살은 미학적 관점에서 고려되었고 코믹한 차원에서 연구되었다. 피셔는 익살을 코믹한 대조를 만들어 내는 판단이라고 정의한다. 또한 그는 다른 곳에서는 익살을 유희적 판단이라고 말한다.[7] G. 카르스도 익살은 '우스운 것'을 표현한다고 말한 바 있다. 그리고 익살의 가장 간명한 특징은 언제나 동일한 방향을 취한다. 곧 익살은 우스운 생각이며 날카롭고 코믹한 표현이고, 익살의 핵심은 장 파울이 생각한 바와 같이 간명하다.

코믹한 것, 유희, 진지하지 못한 것에 익살이 깃들어 있다. 그러나 거의 모든 저자는 익살의 또 하나의 측면을 간과하지 않는다. 익살은 '무의미 속에 의미'를 갖고 있으며, 익살은 때로는 진지하고 예리하고 신랄하고 악의적이기조차 한 배경을 갖고 있다. 익살은 흔히 존재하고 있지만 '존재해서는 안 될 것'을 지적하고 있다. 익살은 대조·모순·은폐된 것과 가장된 것을 보여 주며, 부조리한 것을 지적하고 일반적으로 유쾌한 것 가운데에 깃들어 있는 불유쾌한 것을 지시한다.

이러한 점은 아주 무해한 익살에서도 볼 수 있다. 어느 선생에게 전화가 걸려 와, 어른의 목소리로 다음과 같이 말한다. '내 아들 한스는 아파서 학교에 가지 못합니다.' 선생이 '누구신가요?'라고 묻자 '나의 아버지입니다.'라고 대답한다. 익살이 흔히 그런 바와 같이 여기서도 뜻밖에 진술과 현실 사이의 심각한 대조가 폭로된다. 이 익살의 해학(諧謔)은 부지중에 정체가 드러나는 거짓말에 있다.

그리고 아마도 익살은 폭로적인 것이리라. 이것은 익살의 성격이기도 하지만 익살은 단지 거짓말의 폭로에 그치지는 않는다. 장님이 앉은뱅이에게 '어떻게 지내십니까?'(독일어로는 〈Wie gehtes?〉이다. 여기에 gehen 〈걷는다〉는 동사가 있어서 이 익살이 성립된다. 앉은뱅이에게 '걷는다'는 동사를 사용했다는 것이 요점이다.)라고 묻는다. 앉은뱅이는 장님에게 '보시는 바와 같습니다.'라고 대답한다. 여기서 이 익살은 눈앞에 벌어지고 있는 일을 폭로하는 것은 아니다. 여기서 이 익살이 드러내는 것은 의미 있는 표현이 무의미해진다는 것이다. 앉은뱅이는 걸을 수 없고 장님은 보지 못한다. 따라서 장님이 '어떻게 지내십니까?'라고 묻고 앉은뱅이가 '보시는 바와 같습니다.'라고 대답한 것은 의미가 있으면서도 무의미하다.[8]

이와 같은 익살과 함께, 단지 우연히 심원한 것이 아니라 형이상학적으로 심원한 것을 나타내는 익살도 있다. 옛날 유태의 우수로 그늘진 익살에 형이상학적인 심원함이 나타나 있다. 랍비가 양복점에 바지를 주문했더니 바지를 만드는 데 몇 달이 걸렸다. 그래서 랍비는 양복점 주인을 나무라며 '우리 주이신 하느님은 이 세상을 7일 만에 창조하셨는데, 너는 바지 하나 만드는 데 몇 달이 걸리느냐?'라고 말한다. 양복점 주인은 '랍비님, 이 바지를 보시고 세상을 보십시오!'라고 대답한다.

이 익살에는 세상은 좋게도 나쁘게도 보인다는 영원한 문제가 요약되어 있다는 것은 의심의 여지도 없다. 곧, 잘 만든 바지 하나가 잘못 만들어진 세상보다 낫다는 것이다.

익살에 담겨져 있는 문제에 더욱 접근하고 그래서 익살의 코믹한 면, 장난기, 재미 등에 집착하지 않는다면 익살에는 일거에 해명하는 힘이 있다는 것, 익살에는 일종의 숨겨진 진리가 드러나 있다는 것, 때로는 달견(達見)이 내포되어 있다는 것을 경험할 수 있다. 그리고 사실상 모든 익살은 은폐되어 있는 것을 직접적으로 드러낸다. 중매쟁이가 결혼할 총각을 숙녀가 있는 곳으로 데리고 온다. 총각은 중매쟁이에게 저 여자는 못생겼고 사팔뜨기이고 의치(義齒)라고 귓속말로 속삭인다. 그러나 중매쟁이는 '천천히 큰 소리로 말해도 괜찮아요. 저 여자는 귀머거리랍니다.'라고 말한다.[9]

여기서 흔히 익살의 기능으로 생각되는 것이 중매쟁이의 인품에 구현되어 있다는 것을 알게 된다. 중매쟁이는 사람들이 숨기려고 하는 것을 감히 말한 것이다. 일의적인 것을 이의적인 것으로 인식하게 하는 익살, 특히 성적(性的)인 익살이 있다면, 이 익살은 다르다. 우리는 이러한 형태를 정치제도를 풍자하는 많은 익살에서 찾아볼 수 있다. 예컨대 독재자에 대해서 국가의 지도자는 개인적으로 장관을 임명하고 총살한다고 말하는 것도 익살로 이해할 수 있다.

 사람들은 흥분시켜 주는 익살을 좋아한다. 익살의 흥분은 우선 대립에서 오는 충격과 대조적인 것을 명료하게 만드는 데 나타난다. 모든 익살의 기초가 되고 있는 감탄의 체험은 아버지를 가장하여 변명하던 학생의 경우와 같이 익살이 대조를 나타내거나 또는 중매쟁이의 경우와 같이 대조를 강화할 때에 성립된다.

 그러나 대조를 병렬(並列)시키기만 하는 것은 익살이 아니다. 이 점을 칸트는 교훈적인 방식으로 다음과 같이 말한 바 있다. '익살은 비교적인 익살이거나 궤변적인 익살이다.'[10] 결국 그는 익살의 특징을 다른 방식으로 표현한 것이다. 따라서 크레펠린은 '익살에서는 어떤 방식으로든 대조적인 두 개의 표상이 임의의 관련 또는 결합'이[11] 생긴다고 말한다. 또한 피셔는 익살에서는 놀라울 만큼 신속하게 서로 다른 표상이 결합된다고 생각한다.

 이러한 여러 가지 설명에서 오직 익살스러운 표현에서만 찾아볼 수 있는 익살의 근본 현상에 다시 부딪치게 된다. 따라서 장 파울이 '익살은 모든 배우자들을 신뢰했던 변장한 목사'라고[12] 말했을 때 그는 이러한 근본 현상을 지적했고 피셔는 이 말에 대하여, 목사는 친척들이 그 결합을 원하지 않았던 배우자들을 가장 신임했다고 생각한다. 그러나 익살의 근본 현상은 익살이 변증법적이라는 점, 곧 현저한 모순—보다 심원하면서도 감추어져 있는 진리를 빛나게 하는 모순—을 갖고 대립되어 있는 것을 결합시킨다는 점에도 나타난다.

이와 같이 보면 익살은 논리적 역설의 현상과 매우 흡사하며 익살은 변증법적 현상으로 나타난다. 그러나 이러한 변증법적 현상은 순수한 논리적 역설의 모양으로 나타나는 변증법적 현상과는 그 성질이 다르다. 사실 많은 익살은 역설의 형태를 갖고 있다. 이 점은 이미 인용한 역설에도 부분적으로 나타나 있지만 다른 예로써 보여 줄 수도 있다. 어떤 거지가 있는 곳을 지나칠 때마다 동냥을 주던 통행인이 있었는데, 어느 날은 아무것도 주지 않았다. 이 전의 시주(施主)는 거지에게 '나는 결혼을 했다네. 그래서 나도 돈이 필요하게 됐다네.'라고 사정을 말한다. 거지는 '그렇다면 나는 당신의 결혼 비용을 보태 드려야 하나요?'라고 말한다. 또한 프로이드가 인용한 예에도 역설이 분명히 드러나 있다. 어떤 거지가 다른 거지에게 모 남작(男爵)은 성미가 까다로워 동냥을 잘 주지 않으니 그에게는 가지 말라고 충고한다. 이 충고를 들은 거지는 '그래도 나는 그분을 찾아가겠네. 내가 그분에게 선물을 줄 처지는 아니지 않소? 어쨌든 그분이 나에게 뭣이든지 선물을 줄 게 아니겠소?'라고 대답한다.[13]

동냥을 받는 자가 아무런 선물도 받지 못한다고 말함

으로써 명백한 모순을 보여 주는 이러한 익살에도 자기 모순과는 다른 것이 분명히 나타난다.

여기에서는 '선물한다'는 말이 보다 심원한 실질적 애매성과 이의성에 있어서 현명하다는 점에서 이 익살의 무의미는 의미를 갖게 된다. 거지는 물론 무엇인가를 '선물받았을' 것이다. 거지는 동냥을 받은 것이다. 그러나 갑자기 그러한 선물은—아마도 누구나 알겠지만—'참된' 선물이 아니라는 점이 분명해진다. 여기서는 '동냥을 준 것'이지 진심으로부터 선물을 준 것은 아니다.

익살의 변증법적 현상이 스스로 모순되는 말의 메커니즘을 보여 줄 뿐 아니라, 일견 일의적인 것으로 보이는 것을 애매성과 이의성에 있어서 대립적인 대조관계로 보여 주는 경우, 이 현상에 접근하면 할수록 변증법 현상이 존재하고 이 현상이 '해명된다'는 것이 더욱 분명해진다.

그러나 이때 우리는 흔히 익살스러운 내용을 갖고 있어서 익살과 비슷하게 보이는 언어적 현상에 접근하게 된다. 이른바 경구(警句)·단장(斷章)·명상적 역설, 끝으로 격언까지도 가끔 변증법 구조를 드러낸다.

비스마르크는 어떤 공사(公使)에 대해 '그는 공사(ein Gesandter)이긴 해도 노련한 사람(ein Geschichter)은 아니다.'라고 말했다고 한다. 여기서 익살스러운 효과를 내는 것은 게시크트(geschickt)라는 말이다. 이 말은 게산트(gesandt)와 비슷한 의미를 갖고 있다. 여기서는 사람들이 흔히 동의어(同義語)로 쓰는 두 말을 역설적으로 대립시키고 있는 것이다.(gesandt는 senden '사람을 보내다, 파견하다'의 과거분사 회화용어나 점잖은 말에서는 senden 대신 Schicken '보내다, 파견하다'를 쓴다. geschicht는 schicken의 과거분사) 그러나 이렇게 함으로써 모순을 통해 공사가 미숙하다는 사실이 밝혀진다.

그런데 사람들은 직접 악의 없는 표현으로도 이러한 사실을 표현할 수 있다고 반대할 것이다. 그러나 이렇게 되면 익살이 아니다. 그렇다면 어디에 익살이 있는가? 분명히 모순을 통해 진실을 말한다는 점에 있는 것이다. 이 진실은 독특한 형식으로 표현된다. 문제의 공사가 실제로 '미숙한' 공사라는 사실이 익살스러운 표현에 의해 처음으로 밝혀진다. 공사는 외교관인 만큼 노련한 협상가(協商家)이기를 기대한다. 그런데 문제의 공사는 비스마르크가 생각한 것처럼 공사이기는 해도 노련한 사람은 못 된다. 이러한 변증법적 현상은 처음으로 공사의 가상(假象)을 통해 그가 미숙하다는 실제의 존재를 밝혀낸다.

여기서 모순은 어떤 경우에는 진리를 드러나게 할 뿐 아니라, 특별한 방법으로 진리를 구체적으로 압축해서 표현하는 수단임이 명백해지기 시작한다. 그러므로 익살이 때때로 정의의 형태를 취해도 부당하지는 않다. 대체로 이러한 익살은 이것과 저것의 차이는 무엇인가 하는 논리적 외관을 갖고 있는 물음이 그 근본현상이 된다. 외교관과 숙녀의 차이는 무엇인가라고 묻는 유명한 익살이 그 좋은 예다. 질문받은 사람은 외교관과 숙녀의 차이를 분명하게 밝히기 위해 어리둥절해서 따지며 노심초사하다가 다음과 같은 대답을 듣게 된다. 외교관은 '네'라고 말할 때에는 '혹시는'이라고 생각하고 있고, '혹시는'이라고 말할 때에는 '아니오'를 생각하고 있다는 것이다. 한편 외교관이 '아니오'라고 말한다면, 그는 외교관이 아니다. 그러나 숙녀가 '아니오'라고 말할 때에는 '어쩌면'이라고 생각하고 있고, 숙녀가 '어쩌면'이라고 생각할 때에는 '네'를 생각하고 있다. 한편 여자가 '네'라고 말하면 이미 숙녀가 아닌 것이다.

표면상으로는 앞의 외교관 또는 숙녀 여부에 대한 정의는 예리한 규정만 본다면 논리적 정의와 다름이 없다. 여기서 일반적으로 정의에 대해서만 말한다면 좀더 자세히 검토해 보는 경우 정의하는 과정이 다른 정의와는 다르다는 것을 쉽게 알 수 있다. 이 정의 각 단계에는 애매한 것, 이의적인 것이 나타난다. 외교관은 '혹시는'이라고 말하고는 '아니오'를 생각하고, 숙녀는 '아니오'라고 말하고는 '혹시는'이라고 생각한다. 표현과 실제적 의미, 존재와 가상 사이에는 언제나 모순이 등장한다. 외교관과 숙녀의 차이가 분명해지는 것이다. 외교관은 부정적인 말을 해서는 안 되고 언제든지 부정적 내용을 어느 정도 보다 긍정적 표현으로 말해야 하고, 반대로 숙녀는 긍정적인 말을 해서는 안 되며 긍정적인 내용을 어느 정도 보다 부정적인 표현으로 말해야 하는 것이다. 이러한 차이와 함께 한편으로는 공통성, 곧 외교관도 숙녀도 생각하는 것과는 다른 말을 한다는 것이 밝혀진다.

존재와 가상을 상호 대조해 보면 한 현상의 전경(前景)과 배경이 밝혀지고 이렇게 되면 우리는 존재자의 변증법적 폭로에 대해 말할 수 있다. 이러한 사유의 전개 과정에서는 역설적 귀결, 허위적 형식에 나타나는 역설적 메커니즘이 쉽게 발견된다. 그러나 이제는 역설적 메커니즘은 일종의 공전(空轉)—일의적인 것은 아무것도 확립되지 않고 오직 이미 말한 것이 역전될 뿐인—이 아니다.

오히려 역설적 메커니즘은 충분한 내용을 갖게 된다. 이 내용은 논리적 규칙에 맞는 형태가 되지도 않는다. 그러나 여기서는 '무엇인가' 보여 주고 사실을 입증한다. 이 사실은 참된 것이 아니라고 말할 수 있을까? 분명히 이 사실은 교과서적 논리학의 규칙에 따라 고찰한다면 비논리적인 것이지만 그렇다고 이것이 참되지 않은 것인가?

4. 경구·단장·금언의 변증법적 현상

 경구·잠언(箴言)·속담·재담 등에 나타나는 광범한 언어 현상을 보면 이러한 현상의 일부는 익살 또는 형식적·논리적 역설과 매우 흡사하다. 첫째 유사성은 그 언어적 표현이 집약적이고 간결하다는 것이다. 잠언이나 격언이 될 수 있는 문장에서는 공리(公理)처럼 적절하고 충격적인 간결성을 기대할 수 있고, 이 문장에는 자립적인 통찰이 담겨져 있다. 이 문장은 때로는 단장(斷章)과 같은 특색을 갖는다. 이 문장은 마치 긴 문장의 한 부분처럼 거대한 연관을 갖고 있기 때문이다. 재담의 경우도 마찬가지다. 재담은 간결하고 적절하고 일거에 상황을 해명하는 격언인 것이다. 장 파울의 말, 곧 간결성이 익살의 핵심이라는[14] 말은 앞에 말한 모든 현상에도 적중된다. 이러한 격언은 일반적으로 단계적인 전개를 감당하지 못하기 때문에 긴 이야기, 우화적인 이야기, 사건의 묘사 등은 이러한 문장이 되기 어렵다.
 그런데 금언과 잠언은 '언제나 성실하고 정직하라', '거짓말은 오래가지 못한다', '푼돈을 아끼지 않는 사람은 백만금도 중한 줄 모른다' 등의 격언과 마찬가지로 간결하고 명료한 문장으로 되어 있다. 모든 언어가 이러한 격언이 될 수 있다. 곧 명료한 행동지침 또는 규칙으로서 명령 형식을 취하고 있는 문장이 그러하며,

이 문장은 어떤 모범을 보여 주는 것이다.

이러한 표현에는 대체로 간결함과 함축이 있어서 역설 또는 익살과 비슷할 뿐 아니라, 그 조촐하고 적절한 표현은 역설적 또는 변증법적 진술 형식을 갖고 있다. 우리는 이러한 형식을 예컨대 '한 번은 수에도 들어가지 않는다'라는 격언에서 발견하고 주목하게 된다. 물론 이런 종류의 격언은 아주 흔하지는 않으며, 따라서 예외적이라 할 수 있다. 일반적으로 이러한 격언은 격언의 단순하고 직접적·직선적인 성격과 모순된다. 격언은 진지하고 지속적인데, 이 점이 격언과 진지하지 못하고 코믹한 익살을 구별한다.

그러나 '한 번은 수에도 들어가지 못한다' 또는 '예외 없는 규칙은 없다' 등의 격언은 몇몇 금언이나 잠언—특히 이른바 모랄리스트들이 말하는—에서만 찾아볼 수 있는 구조를 갖고 있다. 여기서는 언제나 명백히 역설적 및 변증법적 성격을 드러내는 문장을 발견하게 된다. 격언의 뜻은 정반대의 것으로 바꾸어 놓아 격언이 갖고 있는 합규칙성(合規則性)으로부터 벗어나게 하면 격언은 의심스러운 것이 되거니와, 변증법적 성격을 드러내는 격언은 바로 이러한 성격을 갖고 있다. 예컨대 다음과 같은 격언의 전도(顚倒)를 생각할 수 있다. 곧 '아침 일찍 일어나는 것은 이익이다'를 '모든 죄악은 아침에 시작된다'로, '타인의 무덤을 파는 자는 스스로 그

무덤에 묻힌다'를 '타인의 무덤을 파는 자는 올바른 길을 알고 있다'로 바꿔 놓는 경우를.

 이와 같은 전도에서 배후에 숨어 있던 규칙성—이것은 전혀 올바르지 못한 것은 아니다—이 전면에 드러난다. 따라서 격언은 분명히 그 윤리적 의미를 상실하고 적어도 경박하고 '진지하지 못한' 격언이 된다.

 모랄리스트들이 말하는 잠언은 대체로 격언과는 반대로 단순하고 직접적이며 일의적인 의미를 사용하여 이중의 의미, 이의성(二義性), 요컨대 한 마디로 말하면 변증법적 구조를 나타낸다. 거의 모든 모랄리스트들이 이러한 잠언을 말했고, 변증법적 표현 수단을 경멸한 사람은 거의 없었다.

 몇 가지 예로 충분하리라. 라 로슈코프는 '어리석은 자만이 살기를 원한다'고[15] 말하고 보베나르그는 '낡은 진리를 사랑하도록 가르치는 책이 새롭고 독창적인 책'이라고[16] 생각하고, 몽테스키외는 '인간은 조금 알기 위해 많은 것을 배운다'고[17] 말하고, 샹포르는 '담장을 사이에 두고 오가는 우정—그것은 여우의 신의(信義)이며 이리끼리의 제휴다'라고[18] 생각하고, 리바롤은 '우리가 지탱해 주고 있는 책은 침몰하는 책이다'라고[19] 말한다.

 이러한 모든 표현과 그 밖의 유사한 많은 표현에서는 분명히 대조적이고 이율배반적인 사태에서 대비 조작(對比操作)의 특유한 기술에 직면하게 된다. 그런데 때로는 격언은 대조를 드러내는 것으로 그치기도 하는데, 분명한 대조를 보여 주는 것으로 충분한 것이다. 따라서 샹포르가 담장을 사이에 두고 오가는 우정을 여우의 신의이며 이리끼리의 제휴라고 말할 때, 그가 생각하고 있는 점은 분명하다. 그는 이러한 우정의 본질을 폭로하고, 우정의 가치를 저하시키고, 이러한 우정은 가상(假象)으로 규정짓는다.

이 격언이 일차적으로 가상을 드러내는 것을 문제로 삼는 데 대해 다른 격언은 보다 복잡한 구조를 보여 준다. 몽테스키외가 인간은 조금 알기 위해 많이 배운다고 말할 때 우리는 흔히 이 문장은 공부를 많이 한다고 해서 많이 알게 되는 것은 아니라는 뜻을 가졌다고 생각한다. 그러나 여기에는 다른 뜻이 있다. 조금 알기 위해 많이 배운다고 말하고 있는 것이다. 여기서는 '많이 공부하는 것—조금 아는 것'이라는 대조를 문제로 삼는 것이 아니며, 또한 그 대립을 밝히는 것이 문제가 아니다. 오히려 역설적 연관을 다루고 있다. 많이 공부한 자는 많이 알고 있다는 정상적이고 평범한 교훈은 역전된다. 이제는 적게 안다는 것은 많은 공부의 결과인 것이다.

사실이 역전되고 사태가 그 내부의 대립을 드러냈기 때문에 비로소 변증법적 현상이 분명히 나타난다. 여기서 논리적 역설 또는 익살의 기습적인 귀결에 나타나는 특색 있는 과정을 발견하게 된다.

이러한 구조는 한 가지 예를 통해 분명해진다. 샹포르는 '산다는 것은 병이며 잠자는 동안에만 일곱 시간 동안 이 병에서 해방된다. 그러나 잠자는 것은 미봉책이며 죽음이 약이다'라고[20] 말한다. 보통 건강과 병에 대응하는 삶과 죽음의 대립이 역전된다. 삶은 병이고 죽음이 치유인 것이다.

여기에서는 그 변증법적 구조는 쥬베르의 '철학은 오류와 싸우기 위해 오류를 찾아내야 한다. 이것이 철학의 유일한 사명이다. 그러나 진리도 오류와 비슷해서 양자는 흔히 혼동을 일으키므로 철학은 진리를 살해해 왔다'는[21] 문장에 있어서와 마찬가지로 분명하다. 그런데 쥬베르의 경구(警句)에는 변증법적 메커니즘이 더욱 분명히 드러나 있다. 철학은 마땅히 오류와 싸워야 하는데 오류와 진리는 혼동되기 때문에 철학은 진리와 싸우며 진리를 살해한다는 것이다. 샹포르의 격언은 미리 병=삶, 치유=죽음이라는 설정을 갖고 있으나 쥬베르의 경구에서는 변증법이 스스로 전개된다. 철학은 진리와 싸운 것은 아니다. 오류와 진리를 가려낼 수 없기 때문에 철학의 원래의 의미가 바뀐 것이다.

이제 역설과 익살에서와 마찬가지로 여기에 다시 나타난 여러 가지 형식적 요소들을 요약하면 가장 중요하고 특징적인 것이라고 말할 수 있는 것은 다음 세 가지이다. ① 대비(對比)의 수단, 곧 개념이나 현상에 있어서 대립을 명료하게 만드는 것. 때로는 대립이 즉시 시작되기도 하고 때로는 외견상 통일되어 있는 현상으로부터 생기기도 한다. ② 대립과 접하게 하거나 또는 통일적인 것을 와해시키는 참으로 변증법적인 운동. 여기에서 변증법의 특징적인 과정, 곧 현상 및 사상의 전도를 볼 수 있다. ③ 이와 같은 정적(靜的)인 사고 구조 또는 동적인 사고 과정의 결과 곧 대립의 통일, 종전의 차이의 무차별화(無差別化). 그러나 여기에 가장 특유한 사실, 곧 변증법적 진리가 있다.

여기까지 도달하더라도 진리는 일의적이므로 변증법적 진리는 존재할 수 없다는 반대를 예상해야 한다. 그런데 사실상 모든 변증법적 공식화는 이의적이다. 이 점은 모든 예에 나타나 있다. 삶은 건강일 뿐 아니라 병이며, 죽음은 병일 뿐 아니라 치유다. 철학은 진리의 보호자일 뿐 아니라 진리의 살해자이다. 우리는 역설에서 발견하는 것, 곧 거짓말쟁이는 거짓말쟁가 아니라 사실을 말하고 있다는 것을 여기서도 발견한다. 익살에 나타나는 것, 곧 거지는 거지가 아니라 채권자이며 자선가는 자선가가 아니라 채무자라는 것이 여기서도 반복되고 있다.

덧붙여 말하면 역설과 변증법이 나타나는 경우에는 언제나 말·현상·세계는 역전된다. 익살은 그 나름대로 역설적 명제와 마찬가지로 현실을 역전시키고 변증법적 경구에서는 다른 방식으로 현상이 역전된다. 형식적·논리적 역설은 역전의 운동을 공허하고 무의미한 것으로 보이게 하지만 익살은 변증법적 운동을 전개하여 문제를 해결하고 재미와 즐거움을 준다. 그러나 깊은 뜻을 가진 익살과 역설적 잠언은 역설적 사건을 심각하고 의미 있는 것으로 만들고 그 기능은 익살의 해방적인 기능이 아니라 인식의 고유한 압축적 기능이다.

여기에 역설의 고유한 진리가 있으며, 이 진리는 쉽게 파악되지 않는다. 물론 이 진리는 파악되기는 한다. 가장 오래된 역설적 명제를 예로 든다면 소크라테스가 '나는 아무것도 알지 못한다는 것을 알고 있다'고 말할 때, 이 명제는 크레타 사람 에피메니데스가 모든 크레타 사람은 거짓말쟁이라고 말할 때와 마찬가지로 모순을 야기시킨다. 그러나 그 차이는 소크라테스의 명제에서는 역설적인 통찰의 형식을 통해 지적 또는 지혜는 무엇을 알고 있다는 관습적 형태의 지식 이상의 것이며, 무지(無知)를 내포하고 있다는 것이 밝혀진다는 데 있다.

헤겔은 가끔 정신의 깊은 우회로(迂廻路)라고 말했거니와 이 명제의 진리는 우회로도 목표에 도달한다는 점에 있으며, 오류도 진리의 한 단계임을 아주 날카롭게 지적한 것이다. 오류는 진리는 아니지만 진리에의 입구일 수는 있다.

사람들은 변증법적 사유의 진리 개념을 가능한 한 분명하게 파악하고자 할 것이다. 그러나 이것은 오직 부분적으로 달성된다. 변증법적 진리 개념은 논리적 진리, 곧 일의성으로서의 진리로부터 구별된다. 변증법적 진리는 이의성을 전제하고 이의성을 내포하고 있다. 그러나 단순한 이의성은 결코 변증법적 진리가 아니다. 현존하는 모순과 그 이의성의 내부에 잠재적으로 그러나 분명하게 숨겨져 있는 통일성을 밝혀낼 때 비로소 변증법적 진리가 된다.

5. 변증법적 현상의 규칙적 구조

앞의 몇 절에서 설명한 변증법적 현상은 다양하다. 변증법적 현상은 논리적 유희, 더 정확히 말하면 논리적 구조에 대한 유희의 방식으로 나타난다. 변증법적 현상은 익살의 형태에서는 본래적인 진리에의 요구를 전혀 제기하지 않는 진지하지 못한 진술로 나타난다. 그러나 변증법적 현상은 진지하고 심각한 것으로서 결국은 가장 고유한 진리에의 요구를 갖게 된다.

그러나 이러한 현상의 규칙적 현상에 초점을 두게 되면 우선은 진리에의 요구, 곧 일반적으로 변증법적인 진리에의 요구를 도외시하게 된다.

역설의 규칙에 대해 대답을 하려면 진리에의 요구와

는 독립된 문제, 곧 역설은 일반적으로 어떠한 질서를 갖고 있는가, 역설은 규칙적인 근본 현상으로 확인시킬 수 있는가 하는 것이 문제가 된다. 이러한 물음에 대답이 주어져야 변증법적 진리의 문제의 위치가 설정된다. 얼핏 보면 역설은 단지 자의(恣意)로 보일 것이다. 논리적 역설·익살·역설적 경구에는 사실상 실제적인 일, 더 나아가 타당한 것을 독단적으로 무시하고 가장 방자하게 구는 정신의 독선과 독재가 있다. 유희적이며 독재적인 자의라는 이러한 특색이 역설적 사유의 매력이고 쾌활성이며, 이것이 독립성을 부여하는 것이다. 특히, 독립성은 익살과 재담에서 분명하지만 다른 모든 형태에도 억압되지 않은 자유로서 전면에 드러난다.

따라서 역설은 첫째로 규칙이 없다. 그리고 역설은 주어진 규칙성을 무너뜨려야 할 경우에는 언제나 익살의 형식으로든 경구의 형식으로든 전면에 드러난다. 익살의 감동적 내용은 일상적인 것, 상식적인 것, 규칙적인 것을 벗어났다는 데 있다. 위협적이고 엄격한 규칙이 지배하는 곳에서는 어디서나 정치적 익살이 생긴다. 그러므로 독재적 측면을 가진 모든 정치 조직의 변두리에는 익살이 서식하게 마련이라는 것은 결코 우연이 아니다. 그러나 좀더 자세히 검토하면 역설에도 특유한 규칙성이 있다는 것이 명백해진다. 논리적 역설의 경우와 마찬가지로 역설에 대해서도 근본 형식을 설정할 수 있다는 것을 쉽게 알 수 있다. 그 다양한 현상에도 불구하고 익살에도 어떤 공식적 규칙이 있는 것이다. 역설적 사고를 계속하거나 익살스러운 이야기를 계속하다 보면 곧 그것은 마치 기계적인 것처럼 된다. 이 점은 길게 설명하지 않더라도 역설의 메커니즘과 익살에 있어서의 기계적 반복, 그 단조로움에 명백히 나타난다.

한편 역설적·변증법적 형식의 근본 공식은 밝혀 낼 수 있고, 또 도식(圖式)으로 표시할 수 있다. 앞에서 말한 여러 가지 예를 비교해 보면 대립으로 또한 대립적 표현으로, 끝으로 모순으로 파악되는 복합적 현상이 역설적 사고와 역설적—언어적 현상의 일치적 요소로 제시된다. 곧 모든 사고의 근본 형식에 마주치게 되는 것이다. 형식논리학에서는 이 근본 형식을 부정적으로만 규정하고 있다. 이 근본 형식은 언어의 근본 요소라고 말할 수 있는 것이다. 모든 언어는 분석 및 구별에, 또한 정립적(定立的) 및 반정립적(反定立的) 기능에 의존하고 있기 때문이다. 언어와 사고는 구성 요소를 병렬(竝列) 또는 대립시킬 때에만 가능한 것이다.

그러나 대립이나 모순이 바로 역설은 아니다. 우리는 마음대로 여러 가지 분리와 대립을 형성시키고 무수한 모순을 설정할 수 있으나 그것이 역설이나, 변증법적 현상이 되는 것은 아니다. 역설 또는 변증법적 현상은 교환이라고 규정할 수 있는 제2차적 단계에서 나타난다. 곧 대립을 혼동시킬 때 역설과 변증법적 현상이 나타나는 것이다.

예컨대 '한 번은 수에도 들지 않는다'는 속담이나 '나는 내가 무지하다는 것을 안다'는 소크라테스의 명제 등, 변증법적 명제에 교환이 가장 단순한 형태로 나타나 있다. 이러한 진술은 변증법의 가장 간결한 형식이다. '한 번'과 '수가 아니다' 또 '지(知)'와 '무지(無知)' 등 확정된 대립은, 그 구성 요소가 상호 교환될 수 있기 때문에 혼동된다. 지는 무지이며 무지는 지이고, 어떤 수는 수가 아니고 수가 아닌 것은 어떤 수인 것이다. 형식논리학의 용어로 말한다면 대립 가운데서 통일이, 통일 가운데서 대립이 발견되는 것이다.

그렇다고 대립 가운데서 통일이 발견되거나 거꾸로 통일 가운데서 대립이 발견된다는 사실이 바로 역설은 아니다. 모든 사고는 대립을 통일시키고 전체를 부분으로 분할하는 것이다. 이러한 사고운동을 역설이라고 하는 것은 아니다. 두 개의 작용이 동시에 수행될 때, 곧 하나가 다른 것으로 넘어가서 통일 가운데서 대립을 또는 그 반대를 일으킬 때에만 역설이 성립된다.

순수한 논리적 역설에서는 이러한 과정은 복잡하고 끝없는 유희처럼 보인다. 그러나 익살 또는 진지한 역설의 변증법적 현상에 있어서는 다르다. 여기서는 변증법적 교환의 작용은 다른 성격을 갖게 된다. 이러한 작용은 비진리(非眞理)에서 진리를, 모순에서 통일을 찾아내는 희망적이기도 하고 절망적이기도 한 시도(試圖)라고 볼 수 있다. 익살은 이러한 시도의 해명적(解明的)·희망적 형식을 대표하고 역설적 경구는 오히려 비통하고 절망적인 형식을 대표한다.

그러나 역설을 해명하려는 시도—여기에는 다시금 역설의 진리에 대한 문제가 등장한다—는 제쳐 놓고 규칙적 성격만을 보기로 하자. 이러한 성격은 더 고찰할 필요가 있는 것이다. 앞에서 역설은 대립의 교환이라는 규칙에 의존하고 있다고 말했거니와 무엇이 이러한 규칙을 중요한 것으로 만들고 이러한 규칙의 근거는 어디에 있는가?

이 물음에 대답하려고 하면 또다시 언어와 사고 일반의 근본 현상에 부딪친다. 모든 사고에는 '분리된 것은 교환될 수 있다'는 전제가 있다는 것은 아주 명백하다. 모든 사고 형식은 그 구성 요소—사상·개념·낱말·문장·진술·판단 등—의 끊임없는 교환 방식인 것이다.

여기서 우리가 교환 또는 혼동이라고 부른 것은 형식논리학에서도 잘 알려져 있고, 이른바 사고의 근본 법칙에도 나타나 있다. 형식논리학에서도 언어와 사고는 구별하고 분리하며, 구별된 것 또는 분리된 것을 결합하는 것으로 파악되며, 이를 형식논리학적 용어로 표현하고 있다. 모든 언어와 모든 사유는 결합하고 그리고 분리한다. 그러므로 형식논리학에서 판단을 결합하고 분리하는 것이라고 규정한다.

그러나 형식논리학에서는 이러한 결합과 분리는 일정한 순서에 따라 일어난다. 이러한 결합과 분리는 일정한 '추리의 규칙'에 의해 인도될 때에만 '논리적'이라고 형식논리학은 가르친다. 그러나 결합과 분리가 일치할 필요는 없다. 언어와 사유가 결합하고 분리하는 것임은 사실이며 모든 언어와 모든 사고는 이러한 작용의 리듬과 차이 속에서 움직이고 있다. 그러나 내가 두 작용을 동의어로보다 '결합은 분리이며 분리는 결합이다'라고 말한다면, 나는 이미 형식논리학적 배경을 버리고 역설적 표현에 도달한 것이다.

이러한 고찰은 형식논리학에는 교환 가능성을 제외하는 한계가 있다는 것이 분명해진다. 모든 논리적 사고는 어떤 교환할 수 없는 것, 또는 논리적으로 표현하면 일치될 수 없는 대립이 있는 곳에서만 진행된다. 이러한 대립이 지양되면 교환운동은 무제한한 것이 되고, 무한히 계속되며 따라서 역설적·변증법적 구조가 성립되지 않을 수 없다.

6. 언어와 사고의 변증법적 순서

이상의 설명을 통해 변증법적 현상은 확대되었다. 그

런데 전에 우리는, 앞에서는 역설적·변증법적 사건의 특징을 보고 그 특징적 사실에 따라 변증법적 현상을 파악했다. 그래서 매우 광범한 현상에 마주쳤고 이 현상을 교환이라고 규정했다. 역설적 메커니즘에서 이 교환은 무제한한 형태로 일어나며 동시에 이 교환작용은 언어와 사고의 근본요소이기도 하다.

그러나 이러한 현상을 좀더 추적하여 그 일반성에 있어서 파악하려고 하면 뜻밖의 조망(眺望)이 생긴다. 앞에서 말한 교환 가능성의 과정, 순환과정, 보다 일반적으로, 다시 말해서 논리적 형식으로 표현한다면 대립을 일치시키는 과정은 사실은 언어와 사고의 근본적인 운동현상(運動現象)이라 하겠다.

논리학이 부여한 바와는 다른 의미에서 이 현상을 추적해 보면 형식논리학도 그 나름대로 이러한 현상을 알고 있었고 취급해 왔다고 앞질러 말할 수 있다. 그것은 추리에 대한 고전적 이론에 가장 분명히 나타난다. 기존의 판단으로부터 다른 판단을 이끌어 내는 추리에 대한 고전적 이론의 체계는 개념의 교환 가능성에 의존하고 있다고 말해도 과언이 아니다.

다시 말하면 추리론(推理論)에서 형식논리학은 개념의 교환을 통해 새로운 판단을 형성할 수 있는 규칙을 제시한다. 이 점은 오래된 고전적 추리에서도 볼 수 있다.

모든 인간은 죽는다. 가이우스는 인간이다. 그러므로 가이우스는 죽는다.

이와 같은 방식에 있어서 매개념(媒概念)인 인간을 거쳐서 곧 중개념(中概念)을 거쳐서 교환이 이루어지고 새로운 총괄이 가능해진다. 여러 가지 개념이 이와 같이 교환될 수 있다. 이 경우 추리론의 전 체계는 확실히 일정한 교환 형식을 허용하고 있다.

역설적인 사고는 이러한 규칙을 인정하지 않는다. 역설적 사고의 방법은 오히려 개념 교환의 임의의 그리고 의견상 무제한한 가능성에 있어서 성립된다. 이러한 점에서 그것은 이미 탈한계적(脫限界的)이며 무한계적(無限界的)인 사고이다.

그러나 탈한계적 사고의 이러한 가능성은 본래 그 근거가 어디에 있는가라는 문제가 제기될 수 있다. 이러한 물음에 의해서 이러한 탈한계적 사고를 가능케 하는 언어형식을 조사하는 언어분석(言語分析)에 도달한다. 우리는 논리적 언어, 더 정확히 말하면 논리적 규칙에 복종하는 언어는 언제나 언어와 사고를 일정한 한계 속에 가두어 두려고 노력한다는 것을 알고 있다.

그러나 임의의 형식으로 대립을 교환할 수 있는 탈한계적 사고라는 또 하나의 현상은 그 근거가 어디에 있는가라고 묻는다면 한계가 없을 뿐 아니라, 논리적인 것을 넘어서서 연장되는 언어공간(言語空間)에 분명히 부딪치게 된다. 이러한 공간은 있는가? 이러한 공간이 있다 하더라도 무엇이 역설적 사고를 명백하게 만들며, 이러한 공간은 무엇을 의미하는가? 이렇게 되면 다시 다른 형식으로 항상 제기되던 문제, 곧 변증법적 사고의 가능성, 혹은 진리는 어디에서 성립되는가 하는 문제에 도달한다.

그러나 이 물음에는 하나의 새롭고 다른 시야가 내포되어 있다. 이제 직접 언어를 대상으로 탈한계적, 역설적, 변증법적 사고의 가능성이 닻을 내리고 있는 언어형식과 언어규칙을 살펴보기로 한다. 이 점에 대해서는 다음 절에서도 이른바 언어의 변증법적 성격을 다루어야 할 것이다. 여기서는 변증법적 사고가 획득하려고 하는 언어의 특성을 다루기로 한다. 그러면 언어의 넓고 자연스러운 공간이 사실상 그 무수한 규칙적 운동형식에 있어서 변증법적 현상의 기초가 되고 있으며, 동시에 논리적 현상도 허용하고 있다는 것을 알게 될 것이다. 사실상 변증법적 사건은 그 역설적 형식에 있어서 일종의 확대를 보여 주며, 반대로 논리적 형식은 일종의 축소와 제한을 보여 준다는 점도 명확히 드러날 것이다.

우리가 조사하게 될 최초의 근본 현상을 언어와 사고의 분절적(分節的) 순서의 현상이라고 부르기로 한다.

모든 언어와 사유는 계열적 성격을 갖는다. 언어와 사고는 사상에 사상을, 낱말에 낱말을, 문장에 문장을 이어 가며 그것은 여러 부분의 순서에 따라 전개된다. 이러한 부분들은 마치 대열(隊列)처럼 전개된다. 언어와 사고의 운동작용은 계기적(繼起的)인 것으로서 부분은 부분에, 문장은 문장에 이어진다. 그러나 이러한 운동은 논리적 관점에서 생각하는 바와 같이 실제의 운동으로서는 논리학에서 논리적 추리라고 부르는 순서로 진행되는 것은 아니다.

 사고와 언어에 나타나는 이러한 계열의 전제는 병렬될 수 있는 부분이 있다는 것이다. 언어는 부분적 단위들, 곧 낱말을 전제하고 있고 사고는 사상을 전제하고 있다. 논리학의 의견에 따르면 이러한 요소는 '개념'이다. 그러나 실제의 언어는 논리학적 의미의 개념이 될 수 없는 무수한 낱말이 있다는 것을 보여 준다. 감탄사·접속사(接續詞) 따위가 있다. 더 나아가 논리학에서는 개념으로부터 판단이 성립되고, 개념이 판단에 이어지듯 판단은 추리에 이어진다고 생각한다. 실제의 언어는 이와는 다르다. 낱말은 문장에 이어지지만 문장 중에서 일부분만이 판단이다. 또 질문을 들 수 있는데, 일단 질문이 제기되면 계열은 다른 방식으로 계속된다. 실제의 '사유'와 언어의 순서는 결코 판단과 추리의 관계와 일치하는 것은 아니다. 흔히 쓰이는 관용어나 실제의 사고 과정은 전혀 다른 계열을 보여 준다. 실제의 사고는 결코 논리적 추리의 직선적 과정에 따라서 전개되지는 않는다. 사고는 결코 직선적 평면에서 움직이지 않고 오히려 참으로 다양한 평면에서 움직이고 있다.

따라서 이와 같은 관점에서 보면, 언어와 사고는 분해와 분류의 계열로 전개된다. 언어와 사고는 이미 말한 것, 이미 사고된 것을 낱말이나 사상처럼 개별적 부분으로 부분화시킬 때에만 가능하다. 그런데 현존하는 부분들은 어떤 순서에 따라 나타나고, 병렬되는 한편으로 이 부분들은 서로 느슨한 방식으로 결합되기도 하며, 그것은 관용어, 독백, 또는 대화나 사상의 진행에 표현되는 바와 같이 언어 및 사고 과정의 일종의 완결처럼 보인다.

그러나 이러한 순서는 어떻게 전개되는가? 가장 간단하게 묻는다면, 낱말은 어떻게 서로 결합되고 결부되는가? 언어와 사고는 단지 부분들의 임의의 총괄이나 병렬인가? 이와 같다면 어떻게 장난꾸러기 어린이들이 조약돌을 가지런히 놓을 수 있는가? 언어와 사고가 부분들을 갖고 노는 놀이라면 선택도 없고 규칙도 없는가?

사실상 언어의 사고적 성격을 인식할 수 없는 특정한 언어를 무시하는 한, 이 말은 분명히 옳지 못하다. 우리는 전혀 반대라는 것을 쉽게 알 수 있다. 곧 모든 언어와 사고는 그것이 조금이라도 의미를 갖고 있으면 그

병렬에 있어서 일정한 규칙에 따른다. 그런데 이 규칙은 한편으로는 말하려고 하는 의도에 따라 규정되고 또 한편으로는 언어를 이용하는 운동 형식에 따른다.

우리는 지금까지의 설명의 귀결로서 우선 오직 한 가지 결론만을 내리기로 한다. 언어와 사고는 부분적 요소들의 계열이며, 그것은 이러한 의미에서 분해와 분류이다. 언어와 사고는 사실상 논리학에서 말하는 바와 같이 결합이며 분리이다. 이 말이 모두 맞다면 다음과 같은 말도 역시 옳다. 곧 언어와 사고는 오직 총괄에 있어서만, 또 부분의 결합과 분리에 있어서만 성립되는 것은 아니다. 이러한 특징은 언어나 사유에 대해 적중시키는 것은 아니다.

7. 언어의 변증법적 구조

모든 언어와 사고는 말해야 할 것, 생각해야 할 것으로 '염두에서 떠나지 않는 것', 동시에 언어적 재료에 의해 제약받고 있는 운동 형식에 이바지하는 것에 따른다고 하는, 지금까지의 고찰의 결과로 우리는 언어의 두 번째 근본 현상에 직면하게 된다. 우리는 논문 또는 담론(談論)의 구조, 소설 또는 시의 구조와 구성에 대해 말하고 있는 것이다. 이와 같이 해서 우리가 규정짓는 것은 피상적으로는 건축과의 비교에 의해 명백해진다.

우리는 분명히 언어와 사고의 진행에 나타나는 부분적 계열에 대해 건물도(建物圖)에 가장 명백히 나타나는 바와 같은 구조를 부여한다.

그러나 이러한 그림에는 더욱 정확하게 규정되어야 할 것들이 허다하게 감추어져 있다. 그러면 언어가 건축을 하는 경우, 언어는 무엇을 갖고 어디서 어떤 수단으로 어떤 공간에 집을 짓는가? 그러나 우리는 잘 알려지지 않은 것을 다루고 있는 만큼 언어 자체의 분석에서만 필요한 정보를 얻을 수 있을 것이다.

여기서 우리가 알 수 있는 최초의 현상은 언어는 풍부한 건축 요소를 갖고 있다는 점이다. 이 점은 문법적으로 구분된 여러 가지 언어 현상을 훑어보아도 곧 알 수 있다. 언어는 그 요소로서 명사·형용사·동사 등을 임의로 사용하고 있다. 또한 언어는 그리스의 문법가들 이래로 잘 알려진 형식인 부사·접속어(접속사)·전치사·대명사 등을 항상 사용하고 있다.

이러한 일군(一群)의 요소들을 공식요소라고 한다면, 이 요소들로부터 가장 특이한 공식적 성격이 분명해진다. 그렇다고 해서 언어의 풍부한 형식을 그 모든 방식에 있어서 전부 밝혀낸 것은 아니다. 이러한 일련의 낱말들은 가변성을 갖고 있다. 다시 말하면 이러한 낱말들은 문법에 따라 명사·형용사가 변하기도 하고 동사가 변하기도 하며, 비교급의 변화를 보이기도 한다.

또한 변화 형식도 다양하여 어떤 말은 명사·형용사 변화에 있어서처럼 강변화(强變化)나 약변화(弱變化)를 하고, 또는 굴절(屈折)을 하고, 끝으로 변화에서 보다시피 시제(時制)에 따라 달라진다.

이와 같이 간단하고 잘 알려진 사실을 보기만 해도 언어 공간은 매우 여러 가지 차원으로 구분된다는 점을 알 수 있다. 과거·현재·미래 등 시간의 여러 차원이 있는가 하면 예컨대 주어가 될 수 있고, 첨가어(添加語-형용사)와 부가어(附加語-부사)를 갖는 명사의 차원이 있다. 또는 결합과 분리의 고유한 기능을 가진 접속사의 차원이 있다.

이러한 모든 사실은 문법을 배웠거나 언어의 구성에 관심을 갖고 있는 사람들에게는 자명한 것이다. 그러나 이와 같이 잘 알려진 사실도 우리가 앞에서 언어 및 사고의 계열성이라고 설명한 원칙에 비추어 보면 매우 새로운 시야를 열어 준다.

언어의 계열적 구조에서 보면 언어는 분류와 분해 결합과 분리의 끊임없는 연속 가운데서 전개된다는 것을 알 수 있다. 동일한 평면에서 계속되는 이러한 연속은 예컨대 수(數)의 연속이다.

그러나 언어의 연속은 이와는 다르다. 언어의 연속은 다양한 차원, 다양한 평면을 갖고 있다. 언어의 연속은 마치 많은 계층에서 움직이고 있는 것 같다. 그러므로 나는 현재에 대해 말하면서 과거를 삽입시킬 수도 있다. 그러나 무엇보다도 나는 어떠한 사실들이 가장 중요한가 하는 점을 시간적 관점으로부터 변경시킬 수 있을 뿐 아니라, 어떻게 이 사실들을 문법적 표현에 따라서 주문장(主文章) 또는 중요한 말, 부차적인 말, 또는 여러 가지 여건으로 나타내는가 하는 방식에 따라 언어의 계속성을 정제(整齊)할 수 있다. 보다 명확히 말한다면 언어는 언제나 언어를 종속시키든가, 또는 상위(上位)에 두든가 하는 방식에 따라 처리된다. 언어는 어떤 계통을 강조하고 부각시키면서 부차적 계열, 부문장, 부차적 사상에 있어서 종속된 부분, 따라서 종속된 계열을 전개시킨다.

흔히 형식논리학에서는 언어의 정제적(整齊的) 성격은 주로 결합과 분리에 있다고 말한다. 따라서 논리학에서는 언어의 관련성, 정제 형식, 그리고 이미 말한 바 있는 운동 형식을 야만적이라고까지는 말할 수 없지만 가혹하게 제한된다. 이러한 제한에 대하여 실제의 언어는 굉장한 다양성을 보여 준다. 따라서 논리학이 말하는 모든 결합과 분리는 언어의 실제적 현상의 단순화에 지나지 않음을 언어는 보여 준다.

이러한 점은 간단한 언어 현상을 통해 명시할 수 있다. 다시 말하면 부착되는 현상에서 볼 수 있다. 이러한 결합에는 단순한 결합과정이 있을 뿐이라고 생각하기가 일쑤이다. 그러나 이러한 생각은 옳지 못하다. 예컨대 나는 독일어의 Stamm(가지)과 Baum(나무)을 두 가지 방식으로 결합시킬 수 있다. 내가 어떤 말을 앞에 두든가, 뒤에 두는 데 따라 Baumstamm(나뭇가지)과 Stammbaum(계보)이 생긴다. 마찬가지로 독일어에는 Goldmünze(금화)와 Münzgold(표준금)라는 말이 있다.

Baumstamm과 Stammbaum Goldmünze와 Münzgold는 각기 그 뜻이 다르다. 따라서 이러한 결합에 따라 종속 또는 지배의 관계가 발생한다는 것이 밝혀진다. 곧 언제나 뒤에 오는 말이 앞에 오는 말에 종속된다. Baumstamm은 Der Stamm des Baumes(나무의 가지)이고, Stammbaum은 Der Baum des Stammes(가지의 나무)이다. Goldmünze는 Die Münze des Goldes(aus Gold) (금의 화폐—금으로 만든 화폐)이며 Münzgold는 Das Gold der Münze(화폐의 금), 곧 화폐와 관계 있는 금이다.

이와 같이 언어에는 가장 간단한 결합에 있어서도 '건축을 하고 있다.' 다시 말하면 모든 언어는 종속, 또는 지배의 방식으로 전개된다. 그런데 이것은 언어에서는 항상 부분과 전체의 관계가 명백하다는 것을 뜻하고 있다. Baumstamm 또는 Stammbaum, Münzgold 또는 Goldmünze는 어떤 말을 앞에 놓는가에 따라 명백히 다른 관계층(關係層), 곧 종속 또는 지배를 나타내기 때문에 그 의미에 차이가 생기는 것이다.

Goldmünze에서는 'Gold'라는 말을 앞에다 놓고 münze라는 말을 뒤에 놓았다. 반대로 münzgold라는 말에서는 'Münze'라는 말을 앞에 놓고 Gold를 뒤에 놓았다. 그런데 전치(前置)와 후치(後置)의 이러한 관계는 분명히 종속과 지배의 관계이며 전체와 부분의 관계이다. 그러나 Münzgold는 화폐 재료라는 보다 큰 영역에 속하는 금을 포섭하고 있고 Baumstamm은 가지라는 성질이 주어지는 나무의 한 부분이며, 한편 Stammbaum은 나뭇가지들로 이루어진 나무라는 뜻과는 전혀 다른 의미를 갖고 있다. 때로는 이와 같은 합성어에서는 한 낱말의 뜻이 Stückwerk(단편, 불완전한 것)와 Werkstück(개개의 부분품)에서 보듯이 전혀 반대의 뜻을 갖게 된다. Stückwerk라는 말은 조각들을 모아 놓은 실패한 작품을 가리키고 Werk(작품)라는 말이 Stück(부분, 조각), Stückhaft(부분적인, 조각의)라는 말에 종속되어 있고, 따라서 부정적인 성격을 갖는다. 한편 Werkstück에서는 Werk는 상위에 놓여 있고 Werkstück이라는 말은 한 작품 안에 들어 있는 부분품을 뜻하고 있다.

접속사에 의한 결합을 보면 다른 종류의 위계관계(位階關係)를 믿게 된다. '군중 속의 그 사람(Der Mann in der menge)', '서민 출신의 사람(Der Mann aus der Menge)', '인간과 대중(Der Mann und die Menge)'은 각

기 다른 종류의 결합과 분리를 나타내고 있으며, 여기서는 부분과 전체의 관계가 각기 다르게 나타나 있다. 소유격조차도 때로는―미약하기는 하지만―지배와 종속의 관계를 나타내고 있다. 어떤 사람에 대해 그는 'Der Mann seiner Frau(엄처시하)'라고 말하면 우리는 이 말을 써서 쉽게 부인이 지배적이고 남편은 어느 정도 부인에게 의존하고 있는 사실을 암시할 수 있다.

언어의 구조에 대해 말할 때 앞에서 말한 고유한 과정에 선명하게 마주치게 되거니와 이러한 과정은 보다 상위의 결합과 사고 결과―흔히 이것을 문장이라고 부르고 논리학에서는 그 일부를 판단이라고 부른다―에도 역시 분명하게 나타난다. 논리학은 판단을 개념의 결합과 분리라고 본다. 분명히 논리학의 이론에는 판단의 성격에 대한 또 하나의 정의가 있다. 그것은 판단을 무엇보다도 '포섭(包攝)'이라고 정의한다. 이러한 정의에 따르면 모든 판단에 있어서 주어는 술어에 포섭된다.

이러한 정의는 실제적 사실에 접근하고 있다. '인간은 죽는다.'는 판단에 있어서 '인간 존재'는 '죽어야 하는 존재'에 포섭되어 있고, 인간의 본질은 반드시 죽게 마련이라는 보다 광범한 본질에 속해 있다. 부분과 전체의 관계가 아주 분명하게 성립되며, 인간과 인간 존재는 반드시 죽어야 한다는 본질과 죽음의 운명이라는 전체의 한 부분이다.

이 판단은 이미 전체와 부분을 설정하고 있다. 그러나 보다 복합적인 문장 구조를 조사해 보면 이러한 과정은 완결된다. 따라서 몽테뉴는 죽음이라는 단순한 사실을 다음과 같은 문장으로 표현하고 있다. '매일매일 죽음으로 다가가며 마지막 날엔 거기에 다다른다.'[22) 그런데 주문장과 부문장으로 된 이 문장은 그 특성을 통해서는 결합과 분리를 파악하기 어렵다. 실제로 이 문장을 분석하기 위해서는 우리는 이 문장의 구성과 함께 부문장과 주문장을 통해 표현된 종속과 지배의 관계를 동시에 밝히지 않으면 안 된다.

첫 문장은 죽음의 전체성을 말하고 있는데, 죽음을 향해 가는 나날은 죽음의 부분들로 인식되고 있다. 부문장은 이러한 부분들 중의 '하나', 곧 사망일(死亡日)을 강조하고 있다. 그러나 동시에 다른 부분들보다 특출한 이 독립적인 날은 죽음과 가장 밀접하게 결합되어 있다는 사실을 보여 준다. 사망일에 죽음에 도달하고 그 동안의 운동은 종말에 이르게 되는 것이다.

그러나 몽테뉴는 단계적으로 이해할 수 있는 교묘한 문장 구조를 찾아냈을 때 비로소 그가 깨달은 바를 표현할 수 있었다. 한 평면에 있어서는 죽음은 나날의 운동으로 정의되고, 오직 사망일에 생기는 일만을 고려하는 또 하나의 부분적 평면에 있어서는 죽음은 종국적 운동으로 규정된다. 죽음의 전체에 있어서는 사망일은 한 부분으로 분류되지만 사망일은 주요하고 종국적인 한 부분으로서는 전체를 대표하고 있다.

그런데 이렇게 함으로써 비로소 몽테뉴는 표현하고자 한 바를 말하는 데 성공하게 되었다. 그는 가장 역동적인 현상, 곧 삶은 중단 없이 계속되고 서둘러 앞으로 나아가지만 오직 종말과 죽음을 향해 움직이는 것이라는 사실을 묘사하고 싶었던 것이다. 그러나 이러한 사실은 단지 결합하고 분리한 다음 '인간은 죽는다.' 또는 '인간은 영생하지 못한다.'고 말하는 것만으로는 쉽게 표현될 수 없다. 이러한 운동의 전체를 파악하고 이러한 운동을 사망인의 종말과 대립시키면서 어떻게 이 최후의 날에 전체가 완성되는가를 인식하고, 따라서 사망일을 생동하는 운동의 전체성 속에 짜넣었다가 사망일을 운동의 종말로서 다시 선발해 낼 때 비로소 이러한 사실을 묘사할 수가 있다.

8. 언어와 사변(思辨)의 변증법적 성격

모든 언어 형식은 우선 고정적, 형태화된 것으로 나타나고 언어 형식 그 자체도 범형화(範型化)된 형식이다. 모든 언어가 발달하고 그 형식도 오랜 역사적 시간 속에서 변한다는 것은 사실이다. 그러나 모든 언어는 어느 정도 고정된 형식적 저장물, 선명한 도구성(道具性)—

이것은 그 사용 방식이 다양함에도 불구하고 한 민족의 어느 정도 고정된 소유물로 나타난다—을 갖고 있다. 따라서 언어사(言語史)와 언어학은 형식적 저장물, 또는 재고품으로서의 그때그때의 언어가 어떻게 세계에 소여(所與)된 내용을 표현하는가를 보여 줄 수 있다.

그러나 언어는 '말하는 것'이며, 사상은 사고를 통해 형성된다. 이것은 언어와 사상은 말하는 것, 사유하는 것으로서는 운동임을 의미하며, 더 나아가 모든 언어 형식은 운동 형식임을 의미한다. 우리는 사유하면서 언어 가운데서 움직이고 언어 속으로 들어간다. 한편 우리가 말할 때에는 사고의 운동이 일어난다.

형식은 언제나 완성에 이바지하는데 그것은 가변적이다. 우리는 사상·사실·관점을 언어적 완성품으로 표현하지만, 그것은 가변적 소산에 지나지 않는다. 이와 같은 소산은 낱말에 낱말을, 구절에 구절을, 테마에 테마를 연결시켜 계열적으로 전개를 시킴으로써 전진한다.

이러한 방식으로만 운동이 실현되는 것은 아니다. 언어는 진주를 실에 꿰듯 부분을 꿰어 가는 조립(組立) 놀이는 결코 아니다.

오히려 우리는 명사·형용사를 변화시키고 동사를 변화시키며, 낱말들을 여러 가지 방식으로 결합하고 낱말들을 직접 복합시키고 조사(助辭)를 통해서 낱말들을 연결하고 계사(繫辭)에 의해서 문장의 부분들을 서로 결합시킨다. 우리는 어째서 이러한 운동이 오직 결합이 그치지 않는가 하는 점을 설명하지 않으면 안 된다. 우리는 오히려 낱말들을 대립시키고 문장을 분리하고 절(節)을 나누는 것이다. 이러한 모든 일은 분류·분해할 뿐만 아니라 전체와 부분을 결합, 또는 대립시키는 운동의 특성을 보여 준다.

그러므로 이러한 운동이 이룩해 놓은 조직체에서는 개별적 부분들—그것이 낱말이든 문장이든—은 다층적 연관을 맺고 있다. 이 부분들은 다른 부분들과 결합되어 있을 뿐 아니라, 이러한 결합을 넘어서서 독자적인 위치와 가치를 갖고 있으며, 마치 부분들은 언어적 구조물에 있어서 훨씬 위에 있거나 훨씬 밑에 있는 것과 같다.

형식논리학에서도 언어와 사고는 운동이라고 하는 근본적 사실을 알고 있다. 또한 말하는 것과 사고하는 것의 형식—형식논리학에서는 이 형식을 논리적인 것이라고 말한다—은 동시에 운동형식임을 형식논리학에서도 알고 있다. 이러한 운동은 한편으로는 결합과 분리로, 또 한편으로는 추리로 규정되고 있다.

이와 같은 형식논리학이 말하는 것과 사고하는 것은 운동임을 알고 있다 하더라도, 논리학이 어떤 종류의 운동을 파악하고, 또 명시하는가 하는 것의 문제에는 쉽게 대답할 수 있다. 논리학에서는 사고로서의 언어는 일정한 목적을 갖고 전진한다는 통찰로부터 출발하고 있으며, 이러한 운동은 처음과 끝을 갖고 있다고 규정한다.

그러나 논리학이 파악한 사고와 언어의 운동은 훨씬 예리하지만 너무나 좁다. 여기서 논리학의 본래의 일이 시작된다. 논리학은 근본적으로는 그 운동의 실현 과정이 일의성에 도달하고, 또 일의성으로부터 출발하는 운동만을 인정하고 있다. 이것은 낱말의 온갖 변화에도 불구하고 확고하게 고정된 내용만은 남아 있어야 하고, 어떤 근본 요소, 특히 개념은 확정되어 있어야 한다는 것을 의미한다. 더 나아가서 운동은 전체적으로 일의적으로 확정되고 고정된 확고한 내용에 반드시 도달해야만 한다는 것이다.

이 점은 특히 논리적 추리에서 분명해진다. 논리적 추리는 어떤 고정된 요소들이 그 내용에 따라 변하지 않고 남아 있는 여러 단계를 거쳐 추리의 엄밀한 귀결에 도달하는데, 이러한 귀결에도 역시 고정된 내용이 있는 것이다. 운동은 일의적이어야 한다. 다시 말하면 동일한 운동이 되풀이될 때에는 언제나 동일한 결과에 도달해야 한다.

논리적 추리에 대한 설명은 실험에도 적중한다. 실험에 있어서는 가시적(可視的)인 수단에 의해서 새로이 반복되더라도 동일한 고정적 결과에 도달하도록 사고의 운동이 수행되는 것이다. 실험을 일의적 사고의 노비(奴婢)로 삼는 경우, 오직 일의성에 도달하는 운동만이 운동이라는 고정화가 생긴다. 이와 같은 방식으로 고정될 수 있는 운동에 있어서는 일의적인 것은 진리를 제시한다. 진리는 사고의 운동 속에서 발견되는 불변적·고정적 현상이라는 점이다. 더 나아가 논리학에서는 참된 사고는 언어의 운동 형식과 자체의 가변적 기능을 일의적·고정적 결과를 산출하는 한도 내에서 이용해야 한다고 말한다. 그렇지 않은 경우에는 사고는 진리에 도달하지 못하고, 사고는 참되지 못한 것에 몰두해 있거나 진리의 변두리에서 어정거릴 뿐이다.

형식논리학은 언어에서 이러한 규칙성을 찾아내고 같은 방식으로 참된 사고를 다른 사고로부터 구별하면서, 한편으로는 사실상 언어가 적응할 수 있는 규칙을 언어에 전가시키고 동시에 이 규칙은 언어의 완전한 규칙을 감싸는 것은 아니며, 따라서 언어는 이러한 공식만을 이용하는 것은 아니라고 말한다.

주지하다시피, 여기에 논리적 언어 및 사고와 논리학자들이 즐겨 비논리적이라고 규정짓는 다른 언어 및 사고의 차이가 있다. 그런데 논리학자는 쉽게 극단적인 말을 한다. 논리학자들은 논리적 사고만이 참된 사고이므로 다른 사고는 참되지 못하다고 말한다. 참된 것이라고 할 수도 없고, 참되지 못하다고 할 수도 없는 사고의 중간 지대가 있을지도 모른다는 생각을 논리학자는 거의 떠올리지 않으며, 진리의 개념은 논리학자들이 이 개념에 대해 설정해 놓은 한계를 넘어서서 확대될 수 있다는 생각은 전혀 하지 못한다.

또한 논리학자는 어떠한 일의성도 없는 곳에 진리가 있을지도 모른다는 생각은 전혀 불가능한 것이며, 또한 사고의 운동에는 일의성에 도달하지는 못하지만 진리는 참여하는 길이 내포되어 있는 생각도 불가능한 것이다. 그러므로 논리학자는 역설에서 어떠한 진리도 발견하지 못하고, 또한 변증법적 운동이 진리에 도달한다는 점을 인정하지도 않는다.

이러한 주장이 옳은가, 옳지 않은가 하는 점은 여기서는 잠시 미결 상태에 두고 변증법을 진리 발견의 방법으로 볼 수 있는가 하는 점으로 되돌아가기로 하자. 우리들의 연구가 여기까지 이르렀으므로 오직 한 가지 점만을 확정하려고 한다. 그러나 이것은 근본적으로는 널리 알려진 사실이다. 곧 언어의 형식적 구조는 논리학이 말하는 구조보다는 훨씬 풍부한 것이다. 언어의 운동 형식은 운동의 다양성으로 말미암아 논리학이 전개시켜 놓은 구조와 논리적 순서의 법칙에 복종하지 않는다. 언어와 사고의 다양성은 오히려 운동의 다양성까지도 포괄하는 것이다. 논리학의 단일한 운동은 이러한 운동의 다양성이 독자적인 제한과 생략을 가하려고 하는 것이다. 논리학은 언어와 사고의 가변성을 제한하고, 이 가변성에 단일한 운동을 강요하는 과정에서 논리학이 추구하는 일의성을 획득하게 된다.

 이와 같은 일이 일어나지 않을 때에 언어와 사고의 다양성에서 다의성(多義性)의 영역이 열린다. 이때는 이미 실험이나 추리의 특성인 '직선적' 일의적 순서의 전형은 해당되지 않는다. 다른 계열법칙(系列法則)이 나타나고 다른 성격을 가진 '사고 과정'이 등장한다. 이러한 사고 과정의 이상적인 예는 모든 형태의 역설에서 볼 수 있다. 이러한 사고 과정이 언어의 본질에 의존하고 있다는 것은 의심의 여지도 없다. 확실히 역설은 언어의 가능한 운동의 고유한 첨단이기도 하지만, 우리가 고찰해 온 사고와 언어의 운동의 다양성이 이 첨단의 기초가 되고 있다는 것도 부인할 수 없다.

 이러한 사실을 간단하게 '변증법적'이라고 부른다면 이제 이 말을 이용해서 언어와 사고에 선천적으로 주어져 있는 사고의 다양성·가변성·다의성을 나타낼 수 있다. 변증법의 이와 같은 광의의 개념은 역설에서 볼 수 있는 협의의 변증법의 기초가 되고 있다.

 이와 같은 광의의 의미에서는 언어는 변증법적이며, 언어가 언어와 사고의 다양성을 요구하는 경우에는 언어는 언제나 변증법적이다. 또한 이러한 의미에서는 실제의 사고와 언어는 대부분 변증법적이다. 이에 반해 논리적 사고는 사고와 언어에 직접 결부되지 못한 정수(精髓)요, 고정화에 지나지 않는다.

한 가지 비교를 통해 더 많은 것을 시사할 수 있으리라. 실제적이고 생생한 사고는 삶 자체와 마찬가지로 형식의 다양성, 그리고 이에 결부된 다면성(多面性)과 가변성을 포기하지 않는다. 사고를 논리적으로 제한하고 진리를 일의적이며 정확한 것으로 표상한 저 사고의 위대한 업적을 오인해서는 안 된다. 이러한 업적으로부터 정확하고 일의적인 사고의 체계가 나왔고, 그 결과로 기술의 온갖 종류가 돋아난 것은 사실이다. 그렇다고 하더라도 여기서 표상된 진리 개념 이외의 또 다른 진리 개념이 가능한지 그렇지 못한지, 다시 말하면 진리의 영역은 근대 과학의 영역보다 더 광대한지 그렇지 않은지, 이에 대해서는 종국적인 결론은 아직 나오지 않았다. 오늘날 정확하고 일의적인 사고의 영역 안에서 논리학·수학·고전적 자연과학이 전개시킨 진리 개념을 넘어서는 현상들이 점점 더 늘어나고 있기 때문에 이러한 문제가 제기되지 않을 수 없다.

㈜
1. 이미 인용한 ≪명상≫에 나오는 소르본에의 헌정사(獻呈辭).
2. 아리스토텔레스에 의해 전해진 이 예의 원문은 딜스 ≪소크라테스 이전 시대의 단편(斷片)≫을 참조.
3. 역설에 관한 문헌은 상당히 많다. 이에 대해서는 저자의 논문 〈역설의 메커니즘 역설 형성의 규칙〉 및 〈모순의 논리학〉 참조.
4. H. 바르게 ≪뿔 및 악어의 추리≫ 참조. 이 책에서는 이 역설을

역사적 방법으로 연구하고 있다.
5. 악어의 추리에 대한 이 예와 구조적으로 유사한 이야기를 뤼스토브는 프랑스에서 인용하고 있다. 뤼스토브 ≪거짓말쟁이≫ 참조.
6. K. 그렐링과 K. 넬슨 ≪러셀과 블래리 포르티의 역설에 대한 고찰≫ 참조.
7. 쿠노 피셔 ≪익살≫
8. 프로이드 ≪익살과 무의식의 관계≫
9. 프로이드 ≪익살과 무의식의 관계≫
10. 칸트 ≪인간학≫
11. 프로이드 ≪익살과 무의식의 관계≫
12. 프로이드 ≪익살과 무의식의 관계≫
13. 프로이드 ≪익살과 무의식의 관계≫
14. 장 파울 ≪미학입문≫
15. 프리츠 숄크 역 ≪프랑스 모랄리스트≫
16. 프리츠 숄크 역 ≪프랑스 모랄리스트≫
17. 프리츠 숄크 역 ≪프랑스 모랄리스트≫
18. 프리츠 숄크 역 ≪프랑스 모랄리스트≫
19. 프리츠 숄크 역 ≪프랑스 모랄리스트≫
20. 프리츠 숄크 역 ≪미학입문≫
21. 프리츠 숄크 역 ≪미학입문≫
22. 몽테뉴 ≪수상록≫

제4장 인식의 방법적 도구로서의 변증법

1. 변증법의 대상

 모든 변증가(辨證家)들은 운동의 영원한 타당성을 가르친다. 그들은 헤라클레이토스가 처음으로 '만물은 유전(流轉)한다(panta rhei)'라고 간결한 형식으로 표현한 통찰을 지지한다. 그들은 사물의 궁극적 근거로서 오직 운동만을 인정하며, 또한 그들은 존재가 정지된 것으로 주어지는 한 존재를 무화(無化)한다. 그들에게는 어쨌든 확실하게 우리 눈앞에 나타나 있는 현상 세계는 바로 가상에 지나지 않고 현실적이고 참된 것은 오직 생성과 소멸(헤겔)뿐이다.
 헤겔은 운동의 전능과 보편성을 체득한 최초의 철학자는 아니다. 헤겔 이전에도 많은 사상가가 있었지만 주로 헤겔을 추종하고 있다. 특히 마르크스와 키에르케고르에 있어서 운동은 강력한 실재성을 갖게 된다. 마르크스에 있어서는 끊임없이 활동하고 있는 폭발적인 역학적 운동의 담당자는 인간사회다. 그에게 있어서는 역사는 영원한 혁명이며 분업과 계급 투쟁이 이 혁명의 끊임없는 동인(動因)인 것이다.

키에르케고르에 있어서는 인간의 '실존적 운동'이 중심 테마가 된다. 실존적 운동에는 분명히 삶의 내적 불안—이 불안은 영생에 의해서만 종식된다—에 대한 옛적부터의 명제가 나타나 있다. 그러나 키에르케고르가 설명하고 있는 불안과 운동은 그가 이 불안과 운동을 아브라함과 욥에 대한 성서적 형태로 묘사하고 있기는 하지만 바로 19세기의 인간의 불안과 운동이다. 인간은 쫓기는 자로서 미적·윤리적 및 종교적 실존에 의해 쫓기고 있다. 인간은 몰리고 있는 자이다. 신이 '불안의 도움을 받아 인간을 쫓고 있기' 때문이다. 그러므로 '기독교 신자가 되려면 반드시 불안이 있어야 하고 기독교 신자가 되었다면 불안이 생긴 것이다.'라고 말한다. 기독교 자체가 '가장 집중적이며 가장 강렬하고 가장 큰 불안'이라고 규정한다.[1]

변증법적 의식을 확대하게 만든 것은 분명히 근대사의 폭발적이며 역동적인 운동이다. 이러한 근거는 유일한 것이 아니다. 두번째 원인을 인식하지 못한다면 근대의 변증법적 사유의 본질을 오인하게 될 것이다. 헤겔에 의해서 이 근거가 가장 명백하게 제시된다.

이미 움직임을 받는 자의 수동적 체험은 근대적 변증법의 핵심이 되지 못하며, 오히려 인간은 마치 이러한 운동을 손에 잡고 있는 것과 같다는 근본적으로 다른 체험, 곧 인간은 운동을 파악하고 투시하고 이해할 수 있다는 체험이 핵심을 이루고 있다.

변증법적 사유의 대상이 되는 것은 항상 운동에 휘말려 들고 변증법적 사유가 등장하면 언제나 사물은 사라져 버린다. 인간이 이러한 운동의 소용돌이에 절망적으로 저항하는 한 인간은 이 운동을 속박하고 도처에 묶어 두려고 노력한다. 인간이 이러한 운동의 열쇠를 소유했다고 믿는 순간 인간은 이 운동을 속박하고 도처에 묶어 두려고 노력한다. 인간이 이러한 운동의 열쇠를 소유했다고 믿는 순간은 이 운동의 중심에 놓일 수 있고, 이 운동을 신뢰할 수 있다. 이제는 변증법은 운동을 위해서 존재를 무시하던 변증법으로부터 운동을 장악하는 변증법으로 되었다.

헤겔은 이 점을 처음으로 가르쳐 주었다. 곧 그는 서양 세계와 서양의 역사와 기타의 모든 현상을 그가 세운 운동의 법칙에 종속시키는 것이다. 마르크스는 헤겔의 뒤를 따라간다. 그는 변증법적 공식에 의해 지나간 역사만이 아니라 미래의 역사까지도 정리한다. 끝으로 키에르케고르에 있어서는 실존적 운동과 그 법칙은 인간을 신에로 인도해 주어야 하는 인간의 질서이다.

우리는 '실재적 변증법'과 '관념적 변증법'을 구분해서 말한다. 이러한 구별은 전적으로 타당한 것은 아니다.

이와 같이 구분하는 경우 전자를 현실의 변증법의 본질적 핵심을 오해하고 있다. 곧 근대의 변증법은 인식의 방법으로서 파악되는 한편, 변증법적 방법으로서는 존재의 변증법으로 파악되기를 바라고 있다.

이것은 헤겔이 처음으로 아주 명백하게 표현한 사상적 경향인데, 이때에 헤겔은 확실히 피히테와 셸링의 사상을 따르고 있다. 변증법은 헤겔이 북소리로써 명시한 바와 같이 인식의 방법이 된다. 변증법은 지금까지 생산적인 것도 아니고 합리적인 것도 아닌 사유의 방법이었다. 그리고 변증법이 옛적부터 자칫 잘못 이용되기 쉬운 비논리적이고 반논리적인 사유의 방편이라는 혐의를 받아 왔다고 한다면, 이제 변증법은 참된 사유의 도구임을 선포하게 된다.

이 도구는 이제 유일하게 참된 방법이 되고, 또한 이 방법을 따르지 않는 어떠한 설명도 과학적이라고 생각될 수는 없다. 헤겔의 뜻대로라면 북을 한 번 치면 변증법은 그 모습을 바꾸어야 한다. 이 도구는 허다한 연구가와 사상가의 불신을 받던 엄금된 도구로부터 사유에 왕관을 얹어 주는 도구가 되지 않으면 안 된다.

우리는 헤겔의 동시대인들과 비판가들이 과학의 이름 밑에 헤겔을 반대하고 트렌델렌부르크처럼 그 비판에서 변증법에 '거대한 오류'라는 낙인을 찍거나[2] 헤겔을 진지하게 받아들이지 않고 그의 방법을 일종의 허풍이라

고 보고 '노회한 방법'이라고 폐기해 버린 데 대하여 분노할 수는 없다.[3]

얼마 동안 헤겔의 명성은 재빨리 사라져 버리는 것처럼 보였다. 게다가 자연과학 및 수학에 의해 대표되는 과학적 사유의 중추는 헤겔에 대해 전혀 개의하지 않았고, 한번도 변증법적 방법을 분석하려는 노력을 보여주지 않았다. 여기에는 변증법적 방법은 전혀 존재하지 않았다.

그러나 징후는 달라졌다. 마르크스는 헤겔의 손에서 이 도구를 넘겨받고 공공연하게 '저 위대한 사상가의 제자'라고 공언했다. 그는 사실 변증법적 방법을 전도시키고 신비로운 껍질을 벗기고 합리적인 씨앗을 꺼냈으나, 그는 헤겔이 이 방법과 이 방법의 가장 일반적인 운동 형식을 처음으로 포괄적이고 분명한 방식으로 기술했다고 설명하는 데까지는 이르지 못했다.

이제는 변증법적 방법으로부터 한 처리 수단이 나오고 그 소산인 《자본론(資本論)》은 학계에서 진지한 반응을 받았으므로 변증법은 다시 비의적 사유(秘義的 思惟)라는 금지 구역으로부터 벗어나고, 변증법적 방법은 정치 이론으로서 거의 측량할 수 없는 의미를 획득한다. 마르크스의 변증법에 찬성하든 반대하든 간에 헤겔의 사유의 개조되고 변형된 산물이 실제적인 정치적 현실 권력이 되고 세계적 권력이 되었다는 점에는 변함이 없다.

그러나 헤겔 및 마르크스의 변증법에 대해 종교적인 키에르케고르의 변증법이 등장한다. 이 변증법은 이미 마르크스의 변증법이 헤겔의 변증법을 바꾼 것처럼 다시 그 모습을 달리한다. 헤겔은 분명히 그의 방법이 과학적이라고 말했고, 심지어 그의 방법을 통해 철학을 과학으로 만들 수 있다고 믿기까지 했다. 마찬가지로 마르크스도 변증법은 과학적 방법이라는 주장을 견지했다.

키에르케고르는 이러한 주장을 포기했다. 그가 그의 변증법을 다룬 저작을 ≪철학적 단편≫ ≪비과학적 보유(補遺)≫ 등으로 부른 것도 무리는 아니다.

따라서 50년이라는 짧은 기간에 이 방법은 세 번이나 그 모습을 아주 철저하게 바꾼다. 헤겔은 이 방법에 의해 이성적인 것은 현실적이고 현실적인 것은 이성적임을 입증하고, 마르크스는 기존 체제의 완전한 비합리성을 드러냈고, 키에르케고르는 기독교의 영원한 진리를 변증법적으로 논증하였다.

이러한 경험에 따라서 변증법적 방법의 과학성에 논박을 가한다 하더라도 잘못이라고 할 수는 없을 것이다. 그러나 기묘하게도 이러한 사유의 폭과 강도는 남아 있다. 헤겔의 손에서 변증법은 완전한 철학으로 바뀌고, 마르크스에 의해서 변증법은 그 명백성과 정치적 효과에 대해 아무도 더 이상 의심할 수 없는 도구가 되고, 키에르케고르에 의해 다시금 이 도구는 승화되고 정상을 지향하는 인간의 자기분석의 수단이 되었다.

사람들은 이렇게 묻고 싶을 것이다. 어쩌면 변증법은 지나간 19세기에만 타당한 것이고 또 시간적으로는 아무런 지속도 갖지 못한 감정적인 현상이 아닐까? 이러한 견해에 유리한 일을 허다하게 발견할 수 있지만 한편 이에 반대되는 것도 많이 있다.

오늘날의 철학은 그 대표자가 결코 변증법을 공언하지 않는 경우에 있어서도 광범위한 변증법적 현상을 보여 주고 있다. 그 어느 때보다도 강렬하게 도처에 나타나 있는 변증법적 사유 과정을 지적하는 데에는 각별한 혜안이 필요하지는 않을 것이다. 하이데거로부터 몇 구절을 인용만 해보아도 이 점은 아주 분명해진다. ≪형이상학이란 무엇인가≫를[4] 보면—'세계 관계가 지향하는 것은 존재자 자체이다—그 나머지는 아무것도 아니다'

'모든 행위가 그 인도를 받는 것은 존재가 자체이다—그 나머지는 아무것도 아니다.'

'탐구적 분석이 침입하고자 하는 것은 존재자 자체이다—그것을 넘어서서는 아무것도 없다.'

이와 같이 세 번 다 변증법적 비약에 있어서는 무(無: Nichts)에 의존하고 있다. 따라서 그 나름대로는 변증법적 성격을 가진 '무'가 이 저작 이후의 주요 대상이 되고 있다.

그런데 이러한 방법은 어떤 의미에 있어서는 헤겔이 가르친 바 있는 변증법적 전개의 고전적 기술(記述)이다. 여기서는 긍적적인 것으로부터 부정적인 것이 변증법적으로 튀어나와서 사유의 다음 단계의 담당자가 된다. 이것은 헤겔이 가르친 것, 곧 부정적인 것은 긍정적인 것이기 때문에 부정적인 것은 새롭고, 보다 높고, 보다 풍부한 개념이라는 것을 입증하고 있다.

최소한 변증법적 관점을 증대시키고 있음을 명확히 보여 주는 다른 징후를 발견할 수 있다. 현대 예술의 변증법적 요소를 말한다는 것은 가치 있는 노력이리라. 그러나 이와 같은 일을 하려고 하면 우리는 목표를 현대 예술에 있어서 대상의 변증법적 운동이 어떻게 테마가 되고 있는가 하는 데에 두어야만 할 것이다.

과거에 예술은 현실적이고 참된 것을 추구했다. 비록 모든 예술은 단순한 가장에 침입해서 가장 이상의 것을 파악하고자 하지만, 예술은 현실적이고 참된 것을 현상에 있어서 파악했다. 궁극적 목표는 현상이었고 현존하는 것이 예술의 대상이었다. 물론 이 경우 현상은 변형되고 현상 가운데 있는 아름다움과 현묘함이 추구되고 또한 형상화되었다.

그러나 현대 예술은 현상의 현실성으로부터 벗어났다. 마치 현대 예술에 있어서는 고정적인 것은 지나가 버린 것, 거짓 가상이 돼버린 것 같다. 현대 예술은 현실을 왜곡시키고 날조하고, 또는 어떠한 대가를 지불하더라도 변형시키고자 하는 데 대해서는 전혀 문제삼지 않는다. 그러나 현대 예술에 있어서 현상은 이미 묘사가 아니다.

현대 예술의 대상은 가시적(可視的)인 존재가 아니라, 현상하는 것이 피안(彼岸)에 있는 '부정(Nicht)'에 표현되는 것이다. 그런데 이러한 시야는 변증법적이다. 우리는 이와 같은 시야에서 분열시키는 것, 그리고 헤겔이 '부정적인 것의 거대한 힘'이라고 묘사하고, 마르크스에 있어서는 혁명적 사유의 '부정'에, 키에르케고르에 있어서는 '역설'에 나타나는 보다 심각한 부정에의 경향을 인식할 수 있기 때문이다.

도처에서 헤겔이 명명한 바 있는 부정적인 것이 전면에 드러나고 있다. 우리는 변증법의 일차적 대상을 운동이라고 규정하지만, 그 바로 뒤에는 운동을 야기시키고 긍정적인 것을 더 앞으로 밀고 나아가 변화시키는 '부정'이 따르고 있다. 항상 변증법적으로 사유하는 사람은 존재자 자체와 마찬가지로 무한한 것으로 나타나는 이러한 대상(곧 부정)을 다루지 않으면 안 된다.

이와 같이 생각하면 변증법적 사유의 중심에는 헤겔이 온갖 노력을 기울였음에도 불구하고 결국은 가장 분명하게 거절한 것이 나타나게 된다. 예컨대 시민 사회의 비판에서 보여 준 거절이다. 그러나 변증법적 사유의 혁명적·부정적·개조적 특성은 부인하지 못한다. 니체가 니힐리즘의 회복을 가르칠 때에 니체는 이러한 특성에 착안하고 있었던 것이다.

헤겔은 여러 번, 철학은 현실을 전도(顚倒)시키고 이러한 전도로부터, 곧 사상으로부터 세계를 연역(演繹)한다고 말했다. 그는 운동을 위해서 직접적 현상의 비진리를 자주 가르쳤다. 이것은 우리 시대의 표증이다. 그러나 이러한 일의 근거는 오래 전부터 준비되어 왔다.

이와 같이 변증법의 두 거대한 대상으로서 운동과 무(無: Nichts)가 드러나면, 사람들은 '현존하는 것'이 이 양자 안으로 침몰하더라도 놀라지 않는다.

그러나 변증법은 운동과 무를 인식하고 운동과 무에 침투하는 방법이라고 헤겔은 가르쳤다. 이것은 무엇을 뜻하는가? 여기서는 방법은 어떠한 뜻을 가졌으며, 인식은 무엇을 말하며, 끝으로 진리란 무엇인가?

2. 가변적 진리

우리는 방법에 대해서 말할 때 언제나 방법이 어떤 것을 해명하는 도구가 되거나, 또는 어떤 것에 질서를 부여하는 길을 제시해 주기를 바란다. 이것이 가장 광범한 의미의 방법의 개념이라면 우리는 과학적 방법 자체에 대해 더 많은 것, 곧 과학적 방법은 이러한 도구와 길의 타당한 형식을 부여하고 제시해야 하며, 과학적 방법은 진리를 증명해야 한다고 갈망하고 있다.

진리의 표상과 개념은 형식논리학이 진리의 표상이나 개념에 대해 부여하려고 하는 안전성을 갖지 못했음은 이미 지적한 바 있다. 그러면 변증법적 방법에 있어서 진리란 무엇이며 어떻게 진리로 인도하는 길을 마련하는가? 이러한 물음은 아주 경솔하게 헤겔의 요구를 무시해 버리지 않으려는 사람들에게는 불가피하게 된다. 그러나 헤겔은 이 물음에 대답하는 일을 어렵게 만들고 있다. 그는 결코 인식론자는 아니고, 그의 목적은 형이상학에 있다. 그는 근대철학이 형식주의를 비난하면서도 '근대철학 자체가 다시금 형식주의를 탄생시킨'[5] 것을 비탄하며, 그는 '단지 형식적일 뿐인 범주의 명료성(明瞭性)'을[6] 저주하는데, '단일음적(單一音的)인 형식주의'와 '이러한 지혜의 요술적인 책략'에[7] 대한 불만은 항상 되풀이되고 있다.

그에게 있어서는 논리적 및 수학적 인식이 형식적이고, 변증법적 인식은 형식적인 것이 아니다. 헤겔 비판가들은 헤겔 자신도 그의 변증법적 방법에서 형식주의를 내세웠음을 발견하고, 그들은 '변증법적 방앗간의 끊임없이 울리는 쓸쓸한 방앗소리'에 불평을 말한다. 이것은 어떤 면에서는 정당한 불평이다. 그러나 확실히 헤겔은 그의 방법의 형식적인 면이나 형식적 성격에 대해서는 무관심하고 피히테가 이미 세워 놓은 변증법의 근본 형식—이 근본 형식에서는 변증법적 형식상 정립·반정립·종합이라는 새 개념으로 요약된다—을 전적으로 경원한다.

형식 대신에 오히려 '아무것도 숨기지 않는 즉자(卽自)—대자적(對自的)인 진리', 또는 '그 영원한 본질에 있어서 자연과 유한한 정신의 창조에 앞서 있는 신의 현시(顯示)'라고[8] 주장되는 변증법적 방법의 형이상학적이고 심원한 요구가 등장한다.

변증법적 방법의 작업적 및 도구적인 성격을 어느 정도 적출해 낸다는 일은 매우 어렵다는 점이 이미 여기에 나타나 있다. 헤겔의 변증법은 언제든지 아무런 제한도 없이 형이상학으로 넘어가며 이러한 목적을 위해서 만들어졌다고 하겠다. 그러므로 이러한 의미에 있어서는 이 도구는 방법으로서 어떠한 한계도 가지고 있지 않으며, 그것은 바로 탈한계적 도구이고 변증법적 사유는 바로 신(神)과 같은 것이다.

따라서 헤겔에 있어서 변증법은 방법이 되기를 바라고 있지만, 언제나 역사에 있어서 확인되는 형이상학적이며 '예지적 경험(니콜라이 하르트만)'이라는 점을 간과할 수 없다. 여기에서 두번째의 실제로 보다 더 큰 어려움이 생긴다. 변증법적 방법의 진리 개념은 변증법적 방법에 있어서 다른 모든 것이 그러한 것과 꼭 마찬가지로 운동에 휘말려 있는 것이다.

참되고 완전한 것은 '그 전개에 있어서 완성되는 본질'을 갖고 있다. 진리조차도 쉬임없고 지치지 않는 운동을 하고 있다는 것은 거침없이 말할 수 있는 일이다. 논리학조차도 어떻게 개념의 체계가 '끊임없고 순수하며 밖으로부터 아무것도 받아들이지 않는 과정에서' 발전되는가를 보이는 것 이외에는 다른 목적을 갖고 있지 않다. 그리고 끝으로 논리학은 이러한 진리의 근본적 표징(表徵)으로서 '그 지체(肢體)는 전혀 술을 마시지 않는 주신(酒神)의 도취'라고 규정된다.

이러한 진리 개념은 보통 진리라고 생각되고 있는 것을 정면으로 부정한다.

형식논리학의 제1원리는 진술이 동일하고 고정된 것이기를 바란다. 이것은 변증가에서는 필연적인 일도 아니며 전혀 가능하지 못한 일이다. 헤겔이 말한 바와 같이 '부동의 실험'의 안정을 가진 것은 하나도 없기 때문이다. 따라서 변증법적 사유에 있어서 인식은 과학적 사유에서 인식에 귀착시키고 있는 성격을 전혀 가지고 있지 않음이 분명하다.

변증법적 사유는 진리를 속박하거나 추방하지 않으며, 변증법적 사유는 고정될 수 있는 진리를 알지 못할 뿐 아니라, 이러한 진리조차도 운동의 소용돌이 속에 몰아넣는다.

이와 관련하여 방법의 개념도 마찬가지로 달라져야 한다. 통상적인 용법에 있어서 방법의 개념은 도구, 또는 사상(事象)에 이른 길로서의 방법은 사상으로부터 독립될 수 있다는 것을 전제한다. 변증법에 있어서는 대상과 방법 간의 분리는 제거되어야 한다. 변증법적 사유에 있어서의 방법은 '그 대상과 내용으로부터 결코 구별되지 않는 것'이어야 한다는 것은 알려져 있는 일이다. 양자가 일치하고 따라서 이 순수한 과학이 '그 사상(思想)이 사상(事象) 자체인 한에 있어서는 사상(思想)을, 또는 마찬가지로 그 사상(事象)이 순수한 사상(思想)인 한에 있어서는 사상(事象) 자체'를 내포할 수 있다는 것은[9] 변증법적 방법의 자랑이다.

그러나 사람들이 이러한 규정을 헤겔의 형이상학적 근본 이념의 유출이라고 생각한다면 그것은 자기 기만이다. 우리는 마르크스와 키에르케고르에게도 동일한 사상을 발견한다. 두 사람에게서 불안정하고 가면적인 진리를 발견하는 것과 마찬가지로—그러므로 변증법적 방법에서는 사유와 존재가 일치한다는 견해를 얻게 되고, 이것은 마르크스에 의해 각별히 구체적인 의미를 갖게 된다.

모든 마르크스적 사유에 대해 사상(思想)과 '사상(事象)'의 일치와 견해가 타당하다. 이 점을 마르크스는 이미 초기에 저작에서 가르쳤다. 곧 이론과 실천의 일치다. 이러한 사상의 최초의 싹은 젊은 마르크스의 졸업 논문에 이미 나와 있다. 그는 다음과 같이 쓴다. '스스로 자유로워진 이론적 정신이 실천의 에너지가 된다는 것은 심리적 법칙이다……'[10] 그후에는 '심리적 법칙'이 아니라 정치적 법칙으로서 헤겔의 법철학 비판에 이론과 실천의 통일 이념이 다시 나타난다. 그것은 다음과 같다. '비판의 무기는 확실히 무기의 비판으로 대치할 수 없으며, 물질적 권력은 물질적 권력에 의해 전복되고, 다만 이론은 대중을 장악하는 즉시 물질적 권력이 된다.'[11]

이것은 사상(思想)은 곧 사상(事象)이며, 사상(事象)은 곧 사상(思想)이라는 헤겔의 주장의 변형이다. 그러나 이 변형에 마르크스의 혁명 이론의 근거가 있다. 물론 여기서는 헤겔과는 달라서 이미 사상(思想)과 현실의 화해는 없으나 이제는 이론은 곧 혁명이요, 혁명은 곧 이론이다. 이것은 마르크스의 이론의 출발점이 되었고, 또 아직도 작용하고 있는 처방이다.

마찬가지로 키에르케고르도 사유와 존재의 방법적 일치를 가르친다. 그러나 이번에도 그는 다른 관점을 갖고 있다. 최상의 진리, 곧 신앙은 역설과 모순으로서의 실존이 최상의 현 존재 형태, 곧 신앙으로 인도되듯이 절대적인 역설이다. 따라서 모든 변증가는 이념이 최상의 이념과 실존, 이론과 실천, 사유와 존재는 일치한다.

또는 일치해야 한다는 표상에 의해 인도되고 있다. 이러한 형식이 형이상학적 및 마술적(魔術的) 주문(呪文)으로 보인다면 이 형식은 잘못된 것이다. 이 형식은 사실은 방법적인 원리이며, 마르크스주의의 실천처럼 가장 합리적인 원칙일 수도 있다. 변증법적 방법의 작업 목표는 헤겔, 마르크스, 키에르케고르가 가르치는 진리가 다른 것과 마찬가지로 마르크스에 있어서 다르고, 헤겔 및 키에르케고르에 있어서도 다르다. 그러나 그것은 마지막으로 나타나는 사실에 있어서는 다르지 않다. 변증법적 사유는 명백한 방법적 원리와 일정한 진리 표상(眞理表象)을 갖고 있는데, 물론 통상적인 방법의 개념이나 통상적인 진리의 표상과 일치하지는 않는다.

3. 진리·운동·전체

일반적으로 과학적이라고 인정되는 모든 방법은 두 가지 정보(情報), 곧 그 방법이 그 안에서 작업을 하고 있는 대상 영역과 종류, 그리고 그 원리에 따라 작업이 진행되는 작업 원리(作業原理)가 규정될 수 있어야 한다는 것을 보여 주어야 한다. 우리가 앞의 분석에서 헤겔, 마르크스, 키에르케고르가 전개한 대상과 영역이 아주 다르다는 것을 보여 주었다면 이 사상가들이 각기 '변증법적으로' 사유한다고 주장함에도 불구하고 이 사상가들을 공통분모로 묶는다는 것은 거의 불가능하다.

그러므로 우리는—가능하다면—이러한 사상들이 갖고 있는 공통의 기초를 구해야 한다.

그러나 이 변증가들이 각기 선배에 대해, 선배가 방법을 잘못 적용했다는 것을 입증한 사실을 상기한다면 이것은 다시금 거의 무모한 일처럼 보일 것이다. 마르크스는 그의 의견에 따르면 처음으로 헤겔의 '신비로운 외피(外皮)를 벗기고 합리적인 씨'를 찾아냈고, 키에르케고르는 헤겔이 변증법을 체계로 개악(改惡)했다고 비난한다.

그러나 그럼에도 불구하고 두 사상가는 헤겔과 밀접한 관계를 갖고 있다. 마르크스는 그의 의견에 의하면 헤겔이 처음으로 변증법의 일반적인 운동 형식을 포괄적이고 명료한 형식으로 설명했다고 말함으로써 이러한 관계를 명백히 밝혔다. 키에르케고르는 직접 이와 같은 말을 하지는 않았으나, 그의 모든 저작을 보면 그가 원리와 결과에 있어서 헤겔의 이론은 따를 수 없다고 생각하고 있음에도 불구하고 헤겔의 사유에 얼마나 의존하고 있는가 하는 점이 분명해진다.

이것은 두 사상가가 헤겔의 '싹'을 더 키우려고 했으며, 그의 사상에서 핵심은 헤겔의 현실과 사유의 화해나 이론적 사유 일반에 대한 그의 견해에 있지도 않다. 이 핵심은 그것이 있다고 한다면 어딘가 다른 데에서 확인되어야 한다.

그러나 이 핵심은 헤겔이 일반적으로 변증법적 대상성의 영역을 전개시키고 모든 변증법적 사유의 기초를 이루는 방법적 기반을 설명한 곳에 흔히 나타난다고 우리는 믿는다. 일반적 대상적 규정으로 받아들일 수 있는 이러한 기반이 확인된다면, 이러한 기반으로부터 변증법적 사유의 작업적 및 도구적 성격도 해결될 것이다.

그런데 헤겔은 변증법을 그 응용이나 대상에 대한 작업에서 보여 줄 때가 아니라 방법으로서 규정할 때에 이러한 기반을 여러 곳에서 밝혔다. 그러나 헤겔은 결코 인식론자는 아니다. 그는 무엇보다도 형식주의를 싫어한다. 그러므로 그는 그의 사유의 형식적인 면, 방법적인 면을 그 윤곽조차 희미하게 그려 놓았다는 것은 놀랄 일이 아니다. 게다가 그는 다른 사람과의 논쟁에서 그 자신의 방법을 방어하거나 또는 그의 방법을 '다른 사유로부터' 구별하려고 할 때에만 불완전한 설명이나마 시도했었다.

이와 같은 사정하에서는 헤겔이 변증법을 완전하고 체계적으로 전개시킨다는 것은 기대할 수 없는 일이다. 또한 완전하고 체계적인 설명은 있지도 않았다. 헤겔 자신의 말을 빌리면 '철학은 학문의 유일하고 참된 방법에 대한 해설'인 《논리학》에서도 이러한 설명을 찾지 못한다. 실제의 설명은 변두리에서나 나타날 뿐인데 서론이나 머리말, 특히 ≪현상학(現象學)≫과 ≪윤리학≫의 그것에서 찾아볼 수 있다. 게다가 여기서도 헤겔은 독자에게 쉽게 이해시키려고 하지 않는다. 그의 문제의 난해함과 번잡함은 이해를 더욱 어렵게 하는데, 형식적 사실에 관련될 때에도 그는 자주 중언부언하거나 요약해 버린다. 그 사이에 그 보상으로서 언제나 훌륭하고 각별히 정곡을 찌른 서술이 나타난다.

애를 쓰고 조심을 해야만 헤겔의 사유의 형식적 기반을 방법으로 해독할 수 있다. 이 기반은 우선 서로 밀접히 결부된 세 가지 근본 표상의 복합체(複合體)로 제시된다. 이 복합체는 이 사유의 기초를 형성한다. 이 기초로부터 이 사유의 작업원리가 전개된다.

세 가지 개념이 나타난다. 이 개념들은 헤겔에 의해서만이 아니라 마르크스, 키에르케고르에 의해서도—그 해석을 달리하면서—발견되었기 때문에 본질적이다. 이 개념들은 전체·진리·운동이다. 이 개념은 각기 관련되어 있으며 각기 대체될 수 있다. 전체는 진리이며 진리는 운동이고, 마찬가지로 운동 가운데에 진리가 있고, 오직 운동으로부터만 전체가 이해될 수 있다. 그러므로 이 개념의 트리오는 근본적으로는 하나의 현상, 곧 변증법적 주요 현상의 설명이다.

이 개념을 개별적으로 검토하려면 변증법적 표상으로부터 시작하는 것이 가장 좋다. 이 표상은 분명하게 이러한 사유와 방법론의 특징을 보여 주고 있기 때문이다. 그런데 우리는 여기서 이러한 목적을 위해 이미 자주 언급한 진리의 '주신(酒神)의 도취'라는 곳을 자세히 인용하기로 한다. 헤겔은 ≪현상학(現象學)≫에서 다음과 같이 말한다.

'참된 것은 그 지체는 하나도 취하지 않은 주신의 도취이다. 모든 것이 분리되면서 직접적으로 용해되기 때문에 마찬가지로 주신의 도취는 투명하고 간단한 휴식이다. 저 운동의 심판에서는 정신의 개별적인 형태가 일정한 사상처럼 성립되지는 않으나, 이 형태는 긍정적·필연적 요소인 동시에 부정적이며 소멸적이다.'[12]

참된 것으로부터 모든 고정성(固定性)을 빼앗을 뿐 아니라, 참된 것을 대담하게 '도취'라고 규정하는 이러한 진리상과 진리 표상은 방법적 원리를 공식화한 ≪현상학(現象學)≫의 내용 바로 그것이다. ≪현상학≫은 이와 같은 일을 하게 된다. ≪현상학≫은 정신의 미래 및 과거의 형태를 보여 주고 시간을 통한 변화 과정에서 정신을 드러낸다. 어느 곳에서도 역사적 일자(日字)를 지정하지는 않는다. 하임이 ≪현상학≫을 최초의 원문 위쪽과 중간 부분에 두번째 글을 나타나게 한 팰림프세스트(두번 사용된 양피지(羊皮紙). 본래의 글자를 지우고 그 위에 글자를 새로 썼으나 먼저 썼던 글자가 보인다.)에 비교했을 때 그는 옳았다. ≪현상학≫은 상

(像)을 통해서 차례로 서양 역사의 단계를 보여 준다. 몇 가지 예를 들면 회의학파(懷疑學派), 소피스트 철학이 등장하고 주인과 노예 등으로 일반적인 형식이 되어 로마의 정신이 나타난다. 중세시대가 나오고 계몽주의와 프랑스 혁명 등 근대가 나온다. 소외 의식이라는 제목 밑에 순수한 교양 의식의 본질과 종류가 기술되고, '절대적 자유와 공포'라는 제목 아래 프랑스 혁명의 종국적 상황을 기술한다.

역사적 은폐물을 벗기면 벗길수록 흔히 시대 의식의 담지자(擔持者)를 파악하게 되는데, 이 담지자는 결코 명명되거나 지명되지는 않는다. 그렇기 때문에 하임은 ≪현상학≫을 '역사에 의해 혼란과 무질서에 빠진 심리학이며, 심리학에 의해 교란된 역사다.'라고 나쁘게 말했다.

헤겔의 의도는 이와는 달랐다. 그는 어떤 부분에 대해 다른 부분이 성립하여 순간적 및 부분적 진리의 담지자로서 등장하였다가 곧 소멸해서 사라져 버리는 역사의 저—변증법적—운동을 파악하고자 했었다. 그러나 그는 인물이나 사건을 역사적으로든 심리적으로든 묘사하고자 한 것은 아니며, 그는 진리에 적응하고 진리로부터 분리되는 정신의 원리의 성립과 소멸을 파악한다. 그러므로 그는 결말에서 현상지(現象知)의 과학으로서의 현상학은 실제의 역사와 함께 개념화된 역사를 제시한다고 설명한다.

 따라서 간결한 형식으로 나타낸다면 현상적 진리로서의 진리는 운동이라 하겠다. 그러나 누가 그때와 지금의 전개에 직면하여 이것을 부인하려 할 것인가? 헤겔의 설명을 신비적이라고 하거나, 또는 마르크스처럼 헤겔의 설명을 대상으로부터 소외된 사고적 존재의 역사라고 파악하는 것은 누구에게나 열려져 있는 길이다.

 모든 역사는—정치의 역사나, 과학의 역사나, 종교의 역사나, 문화의 역사나—현상적 및 시간적 타당성을 가진 진리들은 나타났다가 사라져 버린다는 점을 가르친다. 근대인은 이와 같은 성립과 소멸을 과거의 세기에 있어서 보다 더욱 예리하고 분명하게 경험한다. 그러나 역사는 근대인에게 성립과 소멸을 보여 줄 뿐이고, 역사는 이에 대한 시간적 근거와 사정을 알려 줄 수 있으며, 역사는 인간으로 하여금 이에 대해 책임지게 할 수 있고 취향에 따라 역사와 그 시간적 담당자를 문죄(問罪)하기도 하고 사죄(赦罪)하게 할 수도 있으나, 역사는 근대인에게 생기는 적극적 역사가 전체의 의미라고 말할 수 없으며, 말하고자 하지도 않는다.

 변증가는 헤겔이든, 마르크스든, 키에르케고르든 간에 이러한 의미를 발견하고 해명한다. 그러나 이러한 사유의 체계적 근본 형식은 '전체가 진리다'라고 말한다. 따라서 우리는 진리·운동·전체라는 근본 개념의 트리오의 세번째 것에 도달한다.

헤겔에 따르면, 참된 것은 주신의 도취이듯이 헤겔은 '참된 것은 전체다.'라고 가르친다. 이 명제는 역시 《현상학》에 나와 있다. 사람들은 곧 전체란 무엇인가라고 물을 것이며, 다음과 같은 헤겔의 글에서 해답을 찾을 것이다. 이 글은 위에 인용한 글에 직접 이어지는 것이다. '그러나 전체는 오직 그 전개를 통해서 완성되는 본질을 갖고 있다. 전체는 절대자에 대해 그것은 본질적으로 결과이며, 그것은 종말에 있어서 비로소 진리 가운데 있는 것이 된다고 말할 수 있다. 그리고 여기에서 비로소 그 자연·현실·주관, 또는 자기화(自己化)가 설립된다.'[13] 따라서 우리는 다시 출발점에 되돌아왔다. 곧 진리는 운동이요, 도취인 것처럼 진리는 전체이며, 한편 전체는 다시금 운동인 것이다. 우리는 순환하고 있었다. 이것은 헤겔을 괴롭히지 않았으리라. 그는 자신의 사유가 하나의 순환임을 알고 있다. 그는 순환에 대해 '실체로서 그 계기들을 내포하고 있는', '직접적이며 따라서 진기하지 않은 관계'라고[14] 말하고, 그는 순환이라는 개념을 '자동적인 것'이라고 보며,[15] 그는 철학 전체를 '원(圓)들의 순환'이라고[16] 파악한다.

우리가 진리·운동·전체라는 세 근본 개념의 순환을 뚫고 나갈 때 우리들에게는 새로운 근본 규정이 주어진다. 이 근본 규정은 각별히 중요하며, 그것은 헤겔이 전체를 진리요, '완성되는 본질'이라고 말한 위에 인용한 문장에 나온다. 곧 두번째 문장은 절대자에 대해 말하는데, 헤겔이 이것을 전체라고 생각한 것은 명백하다.

그러나 이 분석은 무엇을 가르쳐 주는가? 우리는 헤겔에 있어서의 밀접한 관련, 곧 전체·진리·운동 등 세 근본 개념의 변증법적 동일성을 보여 주는 것부터 시작했다. 진리는 전체가 부분에 전개되는 운동이고, 한편 전체는 진리의 운동으로서 절대자이다. 바꾸어 말하면 변증법적 방법은 절대적 진리로 간주되는 대상 영역에서 작업을 하고 있으며, 이러한 진리를 부분의 가변적(可變的) 질서 안에 전개시킨다.

절대자는 일찍부터 형이상학의 대상이었고, 따라서 사람들은 변증법은 오로지 헤겔이라는 형이상학적 사상가의 도구일 뿐이라고 말하고 싶을 것이다.

그러나 이것은 사실이 아니다. 그후의 변증법을 계승한 사상가들도 동일한 영역에서 움직이고 있다. 이러한 사상가들은 각기 부분의 운동 가운데서 전체를 전개시키며, 각기 이러한 운동이 진리임을 가르친다.

따라서 키에르케고르는 실존적 운동—이 운동은 각 부분에 질서를 제시한다—에 있어서의 인간 전체를 보여 주고, 마르크스는 생산력과 계급 등—마찬가지로 한 질서에 종속한다—의 운동에 있어서의 인간사회 전체를 가르친다. 키에르케고르가 실존적 운동을 진리라고 가르치는 것처럼 마르크스는 대립적인 계급의 운동을 역사의 진리라고 가르친다.

그러나 이러한 진리는 언제나 절대자가 설정되고 인식된다는 데에 의존하고 있다. 헤겔의 세계 정신, 마르크스의 계급 없는 국가, 키에르케고르의 역설적인 신이 그것이다. 변증법은 변증법적 운동이라는 전체 이외에는 다른 전체는 전혀 갖고 있지 않다고 헤겔은 생각한다. 그러나 변증법은 보다 광범하고 가장 결정적인 전체, 곧 어떤 설정(設定)—그것이 세계 정신처럼 형이상학적 위대성을 가졌든, 또는 인간사회처럼 실재적(實在的) 위대성을 가졌든—의 절대화인 절대자의 인정이라는 전체를 갖고 있다.

4. 변증법의 제1작업 원리—부정

전체·진리·운동의 체계적 순환은 어떻게 개별적인 것에서 변증법적 운동이 전개되며, 그러면서도 소수에게만 인식되는가, 어떠한 수단에 의해 변증법적 운동을 방법적으로 파악할 수 있는가 하는 점은 보여 주지 못한다. 변증법적 운동은 절대자로서 설정된 출발점을 보여줄 뿐이며, 전체로서의 진리는 부분의 가변적 체계임을 가르쳐 줄 뿐이다.

그러나 누가, 또는 무엇이 체계를 움직이며, 어떻게

그리고 어떠한 방식으로 인식은 이 운동을 파악하는가? 변증가들은 첫 질문에 대해 여러 가지 대답할 변증법적 운동의 원인을 여기저기 구하고 있다. 그러나 이 운동을 모사(模寫)하는 인식의 방법에 대해서는 일치점이 있다. 이 일치점은 확실히 단번에 밝혀지는 것은 아니지만 그렇기 때문에 이 일치점을 알게 되면 더욱 놀라게 된다.

체계적으로 고찰할 때 이러한 점에서 변증법적 인식의 본질을 매우 날카롭게 간파했다는 것이 헤겔의 가장 위대한 공적일 것이다. 그는 이 본질을 두 가지 면으로, 곧 형식적 및 추상적으로 설명한다. 추상적으로 설명할 때 그는 독자에게 너무 지나친 요구를 제시하지 않으며, 따라서 성형적(成形的)·조형적(造形的)이고 이때에는 물론 형식적인 측면은 사라진다.

첫째 설명을 보기로 하자. 이제 우리는 헤겔의 ≪논리학≫ 서론에 나오는 끝없이 애매하면서도 중요한 문장이 반 페이지나 쉬지 않고 계속되는 곳에 대한 해석을 독자에게 요구해야겠다.

헤겔은 ≪논리학≫ 서론에서 다음과 같이 말한다.[17]

'과학적 발전을 획득하고 이에 대한 단순한 통찰을 본질적으로 얻으려고 노력하는 데 있어 유일한 것은, 부정적인 것은 동시에 긍정적이라는 논리적 명제를 인식하는 것이다……'

여기서 첫번째로 긴 문장을 끊기로 하자. 여기까지에서 그는 변증법의 발전을 파악하는 데 있어서 유일한 것은, '부정적인 것'은 동시에 '긍정적인 것'이라는 논리적 명제라고 말한다. 여기서는 다만 통상적인 의미로는 이 명제는 전혀 논리적이 아니라는 점을 인정함으로써 그치기로 한다. 반대로 헤겔의 모순율(矛盾律)을 모든 논리학의 기초로 삼는 데 반대한다. 이 명제는 헤겔적인 논리학의 입장에서만 논리적이다. 그런데 헤겔은 다음과 같이 계속한다.

'(부정적인 것은 동시에 긍정적이라는 것), 또는 모순되는 것은 영(靈), 또는 추상적인 무(無)가 되는 것이 아니라 본질적으로는 모순의 특별한 내용이 부정된다는 것, 또한 이러한 부정은 전면적 부정이 아니라 해소되는 일정한 사상(事象)의 부정이며 따라서 규정적(規定的) 부정이라는 것……'

여기서 두번째로 끊기로 한다. 이 문장의 둘째 부분은 첫부분의 끝에 있는 것, 여기서는 괄호 안에 넣어 반복한 것을 분명하게 분석하고 있다. 부정적인 것은 동시에 긍정적이라 함은 부정에 있어서, 그리고 모순에 있어서 규정된 것이 해소된다는 것을 뜻한다. 그러나 헤겔은 어떤 모순에 있어서 어떤 것이 언표(言表)·주장되고, 그리고 부정되는 경우에는 언제나 규정된 것은 해소되지 않는다고 말한다. 이 명제도 역시 모순되는 명제는 공허하고 무의미하며 애매하다고 가르치는 모든 논리학과 모순된다. 헤겔은 이와는 반대되는 말로 이 문장을 끝맺는데, 이 인용문과의 관련을 고려하여 앞의 부분을 다시 괄호 안에 넣기로 한다.

'(따라서 규정적 부정이라는 것), 따라서 결과에 있어서는 본질적으로 그 결과가 그것으로부터 말미암는 것이 내포된다는 것, 따라서 실제로 동어반복(同語反復)이라는 것, 그렇지 않으면 결과가 아니라 직접적인 것이 존재할 것이므로.'

이제 여기에 이 문장은 끝난다. 그런데 끝에서 비로소 헤겔은 결정적인 점을 가르쳐 준다. 이제 헤겔은 그의 규정적 부정에 대해, 규정적 부정은 이 부정이 근거가 되고 있는 것을 내포하고 있다고 주장한다. 이것은 바로 헤겔의 규정적 부정은 이 부정이 근거가 되고 있는 것을 내포하고 있다고 주장한다. 이것은 바로 헤겔의 규정적 부정은 이 부정이 부정하고 있는 긍정적 내용을 어느 정도 그 안에 흡수하고 있다는 것을 의미한다. 그런데 이 해석이 옳다는 것은 그 다음의 구절을 보면 알 수 있다.

'따라서 규정적 부정은 새로운 개념이지만 앞의 것보다 더 상위(上位)이며 풍부한 개념이다. 왜냐하면 규정적 부정은 부정이나 대립적인 것보다 더 풍부한 것이 되기 때문이다. 따라서 대립적인 것을 포함하지만 대립

적인 것 이상이며, 그 자체와 대립적인 것의 통일이다.'

이제 그는 수수께끼를 풀어 준다. 이 수수께끼는 통상적인 논리학의 모든 근본 원리가 제외되었다는 것을 무시하면 간단하게 풀린다.

헤겔은 궁극적 결론으로서, 긍정적인 것을 지양(止揚-부정)하면서 수용(受容-규정)하는 그의 규정적 부정은 보다 상위이고 보다 풍부한 개념이라고 가르치고 있다. 우리는 이 결론의 중요성을 완전하게 터득할 수 있다. 곧 '부정과 부정적 개념은 사고의 보다 더 높고, 보다 더 풍부한 단계인 것이다.'

우리는 헤겔이 옳다고 보아야 한다. 이것은 사실상 변증법적 사고의 추축(樞軸)이며 모든 변증가의 비밀이다. 모든 변증가의 사고의 출발점에는 부정이 있으며, 모든 변증가는 부정을 사고의 출발점으로 삼는다. 마르크스는 사회의 근대적 상태를 부정하고 무화(無化)하고 키에르케고르도 '……근대적인 것은 모두 공허하고 혼란한 대기현상(大氣現象)이다.'라고[18] 말할 때, 역시 근대 세계를 부정하고 무화한다. 한 사람은 여기서부터 모든 과학을 거부하게 되고(키에르케고르), 또 한 사람은 여기에서 혁명을 이끌어 낸다(마르크스). 종래의 사고 방법을 부정하고 무화한 헤겔은 비교적 온전한 태도를 취하고 있는 셈이다.

그러나 헤겔과 변증법을 오해해서는 안 된다. 지양

(止揚)으로서의 부정은 오직 한 측면일 뿐이며, 또 다른 측면, 곧 변증가들이 제시하는 진보와 보다 상위(上位)의 개념이 있다. 부정과 무화는 긍정적인 것에 귀착한다. 그러므로 부정적인 것은 변증법적 방법을 가르쳐주고, 헤겔은 부정의 작업적 기능(作業的機能)에 대한 그의 설명을 다음과 같은 말로 끝맺는다. '이러한 과정에서 개념 일반의 체계가 형성되어야 하고, 또한 끊임없이 순수하고 밖으로부터 아무것도 첨가되지 않는 방식으로 완성되어야 한다.'

이 문장에서 가르치고 있는 모든 것은 논리학의 원리뿐 아니라 통상적인 학문적 사고와도 모순된다. 이 점은 자세히 설명을 가할 필요는 없다. 부정의 파악, 모순의 타당성, 부정에 의한 사고의 운동—이것은 모두 형식논리학이 가르치는 바를 부정하고 전복시키기 때문이다. 여기에서 어쨌든 논리학에 대해 말하고 싶다면, 긍정적인 것으로부터가 아니라 부정적인 것으로부터 시작된 역설적 논리학이 문제되어야 한다.

모순의 논리학과 그 귀결인 변증법적 방법에서 가장 주목되는 것은 긍정적인 것 대신에 부정적인 것으로부터 시작한다는 것, 긍정적 실재(實在) 또는 소여성(所與性) 대신에 처음부터 부정적 실재, 또는 소여성을 설정한다는 점이다. 그러면 이것은 어떻게 되는가?

이 물음에 대해 우선 헤겔의 입장에서 대답한다면,

헤겔이 '불행한 의식', '자기 자신으로부터 소외된 의식', '죽음', 기타로 명명한 바 있는 부정의 거대한 현상을 인용하지 않을 수 없다. 특히 '자기 자신으로부터 소외된 의식'은 마르크스에게 인계되었고, 어떤 의미에서는 키에르케고르에게서도 다시 찾아볼 수 있다. 그러나 여기서 헤겔이 말하는 것은 한편에 있어서는 인간의 영원한 그늘이고, 또 한편에 있어서는 근대적 발전의 결과로 생긴 최근의 그늘이다. 그러므로 다만 시민사회(市民社會)에 대한 그의 특성 묘사─이것이 마르크스의 출발점이기도 하다─만이라도 상기해 보라. 우리는 다만 이미 말한 것을 되풀이할 수 있을 뿐이다. 곧 근대적인 것의 발전적 전개와 함께 진보 의식에 대한 반발로써 이 사건의 그늘이 점점 더 커지고 있다고.

그러나 근대적 사고와 의식을 생생하게 기술하는 변증법이 그 근원을 시간적으로 한정된 현상에 두고 있지 않다는 점은 분명하다. 변증법은 인간에게 주어져 있는 지속적인 부정에 기초를 두고 있다. 그것은 죽음이며 헤겔도 부정적인 것과 '부정적인 것의 거대한 힘'을 입증하기 위해 죽음을 선택한다. ≪현상학≫에는 방법적 설명 가운데 인상적인 묘사가 있는데, 이것은 앞에서 말한 바와 같이 성형적·조형적인 것이므로 인용하기로 한다.

헤겔은 분석의 본질에 대해 말하고 분석적 사고의 본

질은 분해에 있다고 규정하고, 순환적 사고를 직접적 사고라고 규정하고 전자를 놀라운 사고, 후자를 놀랍지 않은 사고라고 하면서 외견상 갑작스럽게 죽음에 대해 말한다.[19] 이미 인용한 '부정의 거대한 힘'에 대한 말이 연결점이 된다. 헤겔은 이 힘을 '순수한 사고의 에너지'라 하고 다음과 같은 예로 설명한다.

'죽음은—우리가 저 비현실성을 이와 같이 부른다면—가장 두려운 것이며, 죽은 것을 고수한다는 것은 가장 거대한 힘이 요구되는 일이다. 그러나 죽음 앞에서 전율하고 황폐화로부터 순수하게 삶이 아니라 죽음을 참아내고, 죽음 가운데서 자신을 보존하는 삶의 정신의 삶이다. 죽음은 절대적인 분열 가운데서 자신을 발견하면서 그 진리를 획득한다. 죽음은 우리가 어떤 것에 대해 이것은 아무것도 아니다, 또는 거짓이다,라고 말하고 나서, 여기서 떠나 다른 것으로 넘어가려고 할 때처럼 부정적인 것을 무시해 버리는 긍정적인 것으로서는 이러한 힘이 아니다. 그러나 죽음이 부정적인 것을 직시하고 그 곁에 머물러 있을 때에만 이러한 힘이다. 이와 같은 체류(滯留)는 그것(부정적인 것)을 존재에 귀착시키는 마력(魔力)이다.'

헤겔이 여기서 설명한 것은 매우 애매하지만 훌륭한 상이다. 정신은 그 힘과 생명을 긍정적인 것으로부터 얻는 것은 아니다. 정신은 부정적인 것을 직시하고, 부정적인 것을 참아내고, 부정적인 것에 침투하고, 부정적인 것을 고수할 때에만 긍정적인 것으로 흘러 들어간다. 그리고 나서 정신은 페닉스처럼 절대적인 분열로부터 분기(奮起)하고 다음에 정신은 진리를 발견한다.

사람들은 이와 같이 그 생명을 죽음으로부터 얻는 정신상에 대해 해석이 필요할 것이나, 간단히 말하면 이 정신상 자체가 모든 것을 말하고 있다. 그러나 헤겔이 이러한 변증법적이라고 생각하는 한 변증법과의 결합이 이루어져야 한다. 여기에서 설명된 바와 같이 정신은 부정적인 것, 죽음은 긍정적인 것, 정신의 생명으로 되는 변증법적 현상이기 때문이다. 그러므로 부정적인 것은 동시에 긍정적이라는 추상적 형식은 갑자기, 그리고 거의 직접적으로 위대한 인간적 사항이 된다. 우리는 헤겔이 인간의 생존에 부여한 변증법적 질서를 볼 수 있다. 곧 긍정적인 것으로서의 직접적 생명, 부정 및 가공할 비현실성으로서의 죽음, 죽음의 형태로부터 성장하고 죽음을 역전시키며 보다 높은 진리를 획득하는, 보다 높고 풍요한 단계로써의 생명이라는 변증법적 질서를.

우리는 헤겔이 생각한 것을 냉정하게 극적인 효과 없이 방법적으로 표현할 수 있으며, 따라서 변증법적 형식으로 나타낼 수 있다. 변증법적 사유는 '전도된' 사유이고 변증법은 방법으로서 그때그때 긍정적으로 소여

(所與)된 것을 전도시키고 역전시키는 방식으로 진행된다. 이 점을 직접 예시하는 역설적 진술이나 또는 역설적 익살을 상기하면 될 것이다.

그러나 헤겔의 변증법이나 모든 다른 변증가들의 변증법은 무저적(無底的)인 것, 또는 코믹한 것을 추구하는 것이 아니다. 그들은 인식의 진지한 작업에 종사하고 있다. 변증법적 방법은 부정적인 것과 역설로부터 출발하지만, 앞으로 더욱 전진하며, 따라서 변증법적 방법은 긍정적인 것의 전도와 역전을 더욱 추진시켜서 존재의 가장 가까이 있는 보다 높은 평면으로 들어서게 하는 수단이다.

5. 제2원리—생산적 모순

이 단계로부터 더 앞으로 나아가면 우리는 변증법의 제2의 작업 원리, 곧 모순에 부딪친다. 모순이 변증법의 핵심이라는 점에는 이론의 여지가 없다. 변증법적 사고가 발견되는 곳에는 반드시 모순이 등장한다. 니체는 모순을 '생기 있고 활기 있으며, 원초적 일자(原初的 一者)의 본질'[20]이라고 가르치고 ≪차라투스트라≫에서는 '이 세계는 영원한 모순의 초상화'라고 말한다. 키에르케고르는 모순을 실존의 핵심이라고 말하고 역설을 찬양한다. 마르크스는 역사는 생산력과 생산 관계의 대립과 모순, 그리고 계급간의 대립과 모순으로 형성된다고 말한다. 그는 '프롤레타리아는 그들의 인간성과 이러한 인간성을 대담하고 결정적으로, 또한 포괄적으로 부정하는 생활 환경과의 모순에 의해 폭동을 일으키게 된다는 점'을[21] 가르친다.

모순의 원리는 변증가들에게는 생산적 원리다. 모순이 생기고 그것이 나타나서 공공연해지는 경우에도 사물이 운동을 일으킨다. 이것은 부정에 대한 헤겔의 이론이기도 하다. 부정과 함께 모순이 나타나고 변증법적 운동이 시작된다.

그러므로 헤겔에 따르면 곧 반정립적(反定立的) 및 대립적(對立的) 구조의 원리는 부정적인 것은 동시에 긍정적이라는 헤겔의 근본 명제로부터 연역(演繹)된다. 헤겔 자신이 말한 바와 같이 부정은 '그 자신과 대립된 것'의 통일이기 때문이다.

그런데 모순은 헤겔이나 그의 후계자들에 의해서 발견된 것은 아니다. 일찍부터 모순은 변증법적 원리로, 언어에서는 모순은 담화 가운데 생생하게 나타난다. 이미 말한 바와 같이 모순은 일찍부터 역설적 진술에 침전되어 있었다. '한 번은 수도 아니다', '나는 무지하다는 것을 알고 있다.'와 같은 진술의 본질은 예리하고 첨예화된 형식으로 나타나는가 하면, 막연하고 애매한 형식으로 나타나기도 하는 모순인 것이다.

그러면 이러한 반정립적 구조는 어떠한 일을 하는가? 소크라테스의 '나는 내가 무지하다는 것을 안다.'는 진술은 '부정적인 것', 곧 무지를 '긍정적인 것', 곧 지식으로 만든다. 또한 이 진술에서는 진술된 것이 역전된다. '한 번은 수도 아니다.'라는 속담은 전도된 방법을 취하고 있다. 한 번은 한 번도 아닌 것, 곧 영(零)과 무(無)가 되고, 따라서 긍정적인 것은 그 특성이 남아 있으면서도 그 특성이 바뀌어 버린다.

사고에 있어서, 그리고 사고하는 동안에 곧 표현에 있어서, 그리고 표현하는 동안에 전도되고 역전되는, 이와 같은 고유한 언어 능력에만 잠시 집착한다면 이 능력이 충분히 계속할 만한 것이 된다. 그러나 우리가 이러한 사고가 언표(言表)할 만한 어떠한 가치를 갖고 있는가, 또는 그렇지 않은가 하는 것을 숙고할 때에 이 능력은 완전히 주목할 만한 것이 된다.

'원은 4각형이다.'와 같은 문장은 아주 공공연한 모순이라는 의미 이외에 다른 의미는 갖고 있지 않다. 때때로 언어는 오직 대립을 위해서 만들어진 이와 같은 표현을 좋아한다. 다음과 같은 동요를 알고 있지 않은가?

어둡구나, 달이 밝게 빛나고 있네
푸른 초원에 흰 눈이 깔려 있네
마차가 전광석화(電光石火)같이

천천히 모퉁이를 돌아갈 때에

안에는 사람들이 서고 앉아 있네
묵묵히 담론(談論)에 열중하면서
쏜살같이 달리는 토끼가
모래 언덕 위에서 스케이트를 탈 때에

여기서는 전체와 각 부분이 대립적 및 대구적(對句的) 구조를 갖고 있다. 무효화되지 않은 구절은 거의 없다. 모순을 일으키지 않는 것은 사람을 태운 마차가 간다는 것뿐, 나머지는 모두 다음 구절 또는 말에서 취소되고 있다. 여기서 어떤 일을 말하는 것은 계속 취소하기 위해서이다.

그러나 이 문장들을 소크라테스의 말과 같은 척도로 본다는 것은 불가능하며, 속담인 '한 번은 수도 아니다'를 같은 방법으로 규정할 수도 없다. 형식적으로는 (소크라테스나 속담의) 문장도 상쇄(相殺)되고 있으나 기묘하게도 이 문장들은 동시에 사상적인 내용을 갖고 있다.

여기에서는 모순은 생산적인 원리처럼 보인다. 우리는 소크라테스의 말은 무엇인가 말하고자 했다는 것을 알고 있기 때문에 이 진술을 다른 모순 없는 형식으로 표현할 수 있다. 소크라테스는 모든 지식은 언제나 무지를 내포하고 있거나, 또는 완전한 지식에 비추어 보면 전적으로 무지 그것이기 때문에 한계를 갖고 있다고 생각하는 것이다.

'한 번은 수도 아니다.'도 비슷한 내용을 표현하고 있다. 여기서는 지속적이며 반복되는 행위에 비하면 한 번 있는 소행쯤은 중요한 것에 들지도 못한다는 것을 말하고 있다. 소크라테스가 지식 일반이라는 보다 상위의, 또 보다 풍부한 개념에 마주치자 그의 지식을 무효로 돌렸듯이 속담은 다수의 행위에 마주쳐서 하나의 행위로 돌리고 있다. 헤겔은 아마도 이와 같이 말할 것이다.

언제나 이러한 표현은 설정된 한계가 '탈한계'되고 사고가 마치 일정한 한계에 국한되었던 종전의 영역으로부터 도약되는 것과 같은 사고작용(思考作用)을 보여준다. 표현된 모순은 이러한 상황을 고정시키고 또 이러한 상황을 명시한다.

이러한 사고는 진정한 인식의 영역에는 속하지 못하는 것이므로, 이러한 사고는 신뢰할 수 없다고 반대한다면, 다른 예를 들기로 하자. 인간의 인식의 위대한 업적은 이와 같은 방식으로 이룩된 것이다. 무의식의 심리학이 시작되었을 때에는 심리학 중 가장 최근에 속하는 것에 중간 상태가 직접적으로 분명하게, 또는 모순적인 표현에 있어서 분명하게 나타났다.

무의식의 심리학에 대해 흔히 제기된 반대는 다음과

같은 것이 있다. 곧 무의식이라는 개념은 무의식적인, 따라서 의식되지 않는 종류의 의식을 다루기 때문에 그 자체가 모순투성이라는 것이다. 그리고 일군(一群)의 연구가들은 이 개념을 나무로 만든 쇠라고 불렀다.

이것은 단지 한 예일 따름이며 중요한 다른 예도 쉽게 제시될 수 있을 것이다. 정수(整數)에 대한 이론으로부터 현대 물리학으로 넘어가는 과도기에도 비슷한 중간 상태가 야기된다.

언제나 탈한계적으로 앞으로 나아가는 모든 사유는 반드시 불가피하게 이러한 상태에 봉착하게 된다. 니체가 다가오는 니힐리즘을 예언하고, 이 니힐리즘을 '병리학적(病理學的) 중간 상태'라고 설명할 때에 니체도 동일한 것을 간파하고 있었던 것이다. 헤겔의 역사의 변증법, 계급 투쟁으로서의 역사라는 마르크스의 이론은 바로 인간과 인간의 본질의 전개는 언제나 모순의 성격을 갖는 중간 단계와 중간 상태에 빠진다는 주장이다.

그러나 이러한 이론의 핵심에는 그 이상의 주장이 있다. 자기 형성적(自己形成的)이며 표현되지 않은 모순, 그리고 더 나아가 표현된 모순은 사고의 자유로운 영역에 있어서의 중간 상태만을 제시하고 있지 않다는 것을 이 주장은 말하고 있다. 변동가의 의견에 따르면 제1단계의 중간 상태는 그 다음의 단계로 이어진다.

6. 제3원리—변증법적 단계

어떻게 해서 우리는 변증법의 제3의 작업 원리, 곧 단계(段階)의 원리에 도달했다. 이 원리는 명시된, 또는 명시되지 아니한 모순은 다음 단계를 결정하고 강요한다는 표상으로부터 시작된다. 대립과 모순은 그 자체로부터 헤겔에 따르면 새롭고 보다 상위의 개념을 내놓으며, 중간 상태는 새롭고 보다 높은 통일을 규정한다.

이러한 표상의 모델은 한편으로는 실제 사건에서 발견되고, 또 한편으로는 사고 계열(思考系列)—물론 형식논리학에서는 인정하지 않는 것이지만—에 자리잡고 있다. 헤겔은 꽃봉오리와 꽃과 열매의 예로 이 모델을 보여 주는데 헤겔은 꽃봉오리와 꽃은 대립으로, 열매는 대립의 통일로 본다. 변증가들은 대립으로부터 통일이 생긴다고 가르친다. 그러나 이러한 표상은 사고 도식(思考圖式)으로 사용되며, 이 도식에 따라 대립의 인식은 통일에 입각하여 추리와 귀결(歸結)을 허용한다.

이와 같은 사고 경향(思考傾向)의 정당성을 우선 더 설명해야겠지만 이를 생략하고, 우리는 변증법적 사고와 그 구조에 있어서 이 원리가 갖는 의미를 고찰하기로 한다. 모순으로부터 새로운 통일이 나온다면 모순은 계열을 갖지 않으면 안 되며, 그것은 다음과 같은 도식으로 제시된다.

A와 비(非)A,
여기에
B와 비(非)B가 이어지고
B와 비(非)B,
여기에
C와 비(非)C가 이어진다……

이러한 변증법적 계열(系列)의 특징은 A-B-C 등의 상태들의 계열에는 그때그때 매개적(媒介的)인 중간 부분으로서 이 부분들을 각각 부정하는 부정이 끼어든다는 것이다. B는 비(非)A가 나타나 A를 지양(止揚)하지 않으면 성립될 수 없고, 다시 C는 비(非)B가 나타나지 않으면 성립될 수 없다. 곧 언제나 바로 다음의 계열은 선행(先行)된 부분이 지양되고 부정된다는 것과 결부되어 있다.

이와 같은 사고 도식에서, 이제 우리는 변증법적 체계를 이루게 되는 단계 원리(段階原理)를 곧 인식할 수 있다. 모든 변증가가 그들의 사고를 이와 같은 체계적 계열에 기초하게 하고, 또 이러한 계열 위에서 구성한다는 것은 어렵지 않게 할 수 있는 일이다. 특히 이러한 단계 원리를 철학적 사고의 모든 분야에 적응하려는 것이 헤겔의 소망이었다. 그의 업적은 역사적 사고에서 가장 파악하기 쉽다. 역사적 사유에서는 한 운동 요인

(運動要因)이 나타나면 다음에 반대 운동이 이에 대립된다는 것이 반복해서 밝혀지기 때문이다. 발전은 어떤 조류와 이에 대한 반대 조류라는 형식을 통해 전개된다는 것은 비단 정치적 사건의 본질일 뿐 아니라, 흔히 예술적·정신적·문명적·문화적 사건의 본질이기도 한 것이다.

우리는 이러한 사고 도식이 적어도 현실의 어떤 영역을 설명해 준다는 것을 부정할 수 없다. 헤겔은 이 사고 도식을 역사에 대규모로 적용하려고 했으며, 키에르케고르와 마르크스도 동일한 도식을 따르고 있다. 키에르케고르의 철학에서는 이 도식은 세 실존 단계(實存段階), 곧 미학적·윤리적 및 종교적 실존—키에르케고르는 《이것이냐, 저것이냐》와 그후의 저술에서 이와 같이 기술했다—의 순서에서 명백해진다. 역사의 발전을 단계적 계열로 보는 마르크스의 사상에서는 변증법적 계열이 그 기초가 되고 있음이 더욱 분명해진다. 그러나 역사의 단계를 인정하고자 하는 다른 사상들에 비해 마르크스의 도식은 더욱 변증법적 특색을 갖고 있다.

마르크스 자신은 역사를 생산력과 생산 관계간의 항상 새롭게 성립되는 모순의 계열이라고 봄으로써 이 도식을 가장 분명하게 서술한다. 그때그때 성립되는 모순으로부터 다음 단계가 생긴다. 이에 대해 《경제학 비판(經濟學批判)》의 유명한 구절에서 다음과 같이 가르친다.

'그 발전의 어떤 단계에서 사회의 물질적 생산력은 현존하는 생산 관계, 또는 법적인 표현으로 말하면, 그 내부에서 생산력이 움직이고 있던 소유 관계(所有關係)와 모순을 일으킨다. 이 관계는 생산력의 발전 형식으로부터 생산력의 질곡(桎梏)으로 변한다. 이때에 사회 혁명의 시기(時期)가 등장하는 것이다.'[22]

이제 여기서는 확실히 변증법의 도식은 매우 복잡해진다. 근본 사상은 다음과 같다. 곧 생산력은 동적(動的)이며, 생산 관계는 정적(靜的)인 형태로 기울어진다. 발전적인 생산—생산은 예컨대 발명에 의해 발전한다—은 현존 생산 관계에서는 적절한 형식을 발견하지 못한다. 그래서 낡은 생산 관계를 파괴하고 그 자리에 새로운 생산 관계를 대치시키는 모순이 생긴다.

변증법적 관계의 원리는 변증법적 사유의 체계 형성의 원리다. 이러한 원리에 의해서 비로소 변증법 사유는 계열적 질서를 갖게 되고 이러한 질서의 도식을 매개로 해서 비로소 변증법적으로 작용한다. 다시 말하면 부분화된 전체를 그 전개에 있어서 제시하게 된다.

그러나 이러한 사고 도식의 적용에는 일정한 전제들이 필요하다. 곧 우리는 이 계열의 처음과 끝에서 거점을 발견할 수 있을 때에만 이러한 단계를 구성할 수 있는 것이다. 바로 이러한 이유 때문에 변증법의 단계 도식은 비교적 쉽게 역사에 적용된다. 역사에서는 기정 사실의 시간적 질서로부터 스스로 하나의 계열이 나오며, 이 계열은 처음과 끝을 명시하기 때문이다. 동시에 여기에서 이러한 단계적 질서라고 하는 체계 형성의 원리가 어떻게 여러 가지 방식으로 적용되는가 하는 것도 분명해진다. 우리가 헤겔처럼 현재를 이 전의 단계로부터 생긴 종합으로 보는가, 또는 마르크스처럼 현재를 혁명으로, 따라서 바로 다음 단계로 몰고 가는 현저한 모순으로 보는가에 따라 그 질서가 달라진다.

7. 변증법적 공식

이러한 체계적 발전과 단계의 처음으로 광범한 형식으로 만들어 이용했다는 점이 헤겔의 업적인 것이다. 물론 헤겔도 앞선 사람들의 사상을 계승하고 있다. 비록 헤겔이 처음으로 변증법적 원리의 적용 범위를 전체적으로 인식하고 보편적 방법으로 확대시켰다고 하더라도 변증법의 원리는 확실히 이미 피히테의 유명한 변증법 공식에 표현되어 있었다. 이 공식은 정립·반정립·종합의 세 단계로 되어 있다.

이 공식에는 실제로 변증법적 사상가에게 영향을 미친 변증법적 사유의 특징적인 세 단계가 나타나 있다.

헤겔의 단계적 사고―마르크스와 키에르케고르의 사

유도 마찬가지다—는 세 단계로 움직이고 있다. 예컨대 흔히 거론되는 ≪윤리학≫의 첫 절(節)은 정립으로서의 존재로부터 반정립으로서의 무(無)로 나가며 여기로부터 존재와 무의 통일로서의 생성(生成), 곧 '종합'으로 나아간다. 따라서 헤겔이 '양(量)'이라고 이름을 붙인 이 절(節)은 우리가 앞에서 설명한 작업 원리를 따르고 있다.

처음에 긍정적인 것, 즉 존재를 내세우고, 다음에 부정적인 것, 즉 무(無)가 따른다. 무는 존재를 지양한다. 그러나 무는 보다 상위의 보다 풍부한 개념이다. 무는 존재를 내포하고 다음 단계, 곧 생성으로 넘어간다.

이러한 공식의 약점은 매우 분명하다. 이 공식은 도식적(圖式的)이고 궁색하며 무미건조하다. 이 점은 이 공식을 변증법적 '방앗간'(에르트만), 또는 세계사가 이에 따라 춤춰야 할 '4분의 3박자의 노회한 방법'(굼플로비츠)이라고 규정한다면 이해할 수 있다.

그러나 이것은 어떤 것을 도식적으로 표현하는 모든 공식의 본질이다. 형식논리학의 공식들도 동일한 종류에 속한다. 변증법적 공식이 무내용적(無內容的)이고 공허하듯이, 형식논리학의 근본 원리들도 마찬가지라 하겠다. 예컨대 상례에 따라 동일률(同一律)을 A=A라는 공식으로 나타낸다면, 이 공식이 보다 풍부한 내용을 갖고 있다고 주장할 수는 없다.

그럼에도 불구하고 변증법의 근본 공식을 오직 조건

부로 동일률(同一律)·모순율(矛盾律)·배중률(排中律) 등의 형식논리학의 근본 공식과 비교할 수 있다. 형식논리학의 근본 공식은 규정적(規定的) 공식이며, 변증법의 근본 공식은 두 종류가 있다.

정제(整齊) 및 부분화의 공식으로서는 변증법의 근본 공식은 소재(素材)를 분류하고 운동의 공식으로서는 변증법의 근본 공식은 앞절에서 설명한 작업 원리를 총괄한다.

어떻게 변증법의 공식이 적용되는가 하는 것은 헤겔의 간단한 예에서 볼 수 있다. 이 공식에 따라서 전체적 현상은 세 부분으로 구분된다. 그러므로 헤겔에 있어서는 식물은 꽃·꽃봉오리·열매라는 세 부분으로 갈라진다.

3분법은 어떠한 전체든지 세 부분으로 갈라지고 모든 부분은 다시 세 부분으로 구분되며, 모든 전체는 두 개의 다른 부분과 함께 새로운 현상을 형성할 수 있다는 형식으로 헤겔의 모든 저작에 일관되어 있다. 세 부분이 하나의 전체를 이루듯이 모든 부분은 세 개로 갈라진다. 그러므로 《현상학(現象學)》은 세 개의 큰 주제, 곧 의식·자기의식·이성으로 구분되어 있다. 그러나 이 포괄적인 부분들은 각기 다시 삼분(三分)되고 또 하위의 구분을 갖고 있다. 《법철학》에서는 세 개의 주요 도식(主要圖式), 곧 추상법(抽象法)·도덕·인륜(人

倫)으로 된다. 이러한 부분들은 각기 3단계로 구분된다. 따라서 예컨대 인류는 종족·시민사회·국가로 갈라진다. 때로는 이러한 3분법은 바로 앞에 든 예에서처럼 직접 파악할 수 있기도 하고, 때로는 아주 자의적(恣意的)이기도 하다.

이러한 도식은 언제나 정확히 고수되고 있지는 않다. 따라서 헤겔에 있어서는 세계사의 철학은 동양의 세계, 그리스의 세계, 로마의 세계, 게르만의 세계라는 네 개의 기본적 구성 요소로 구분된다. 그렇지만 이와 같이 4분된 도식의 배후에는 3분적(三分的)인 도식이 고수되고 있다. 헤겔은 네 부분으로 나누어 놓고서 세계상의 '3'단계를 설명한다. 곧 동양인은 인간이 자유롭다는 것을 알지 못하고, 그리스인과 로마인에게서 자유의식이 생기지만 그들은 소수의 사람들만이 자유롭다는 것을 알고 있다. 따라서 노예가 존재하는 것이다. 게르만의 세계에서 비로소 만인의 자유라는 의식이 전개된다.[23)]

헤겔의 말을 빌린다면 언제나 세 부분으로 나누는 이러한 놀음은 사상(事象)에 대해서는 피상적인 행위라고 말할 수도 있을 것이며, 흔히 이 도식을 이와 같이 파악해 오기도 했다. 많은 경우에 있어서 헤겔의 3분 도식은 자의적이라는 느낌을 일으킨다는 것도 부인할 수 없는 일이다.

그러나 이러한 문법의 내적(內的) 필연성은 변증법의

운동의 성격에 기초하고 있다는 것을 잊어서는 안 된다. 3분법을 위해서 그때그때의 소재를 구분하는 것이 아니라, 오직 이러한 방식으로만 상호 관련된 운동 단계가 성립될 수 있기 때문에 구분하는 것이다.

그러므로 다른 변증법 사상가도 이 공식은 계승한다. 키에르케고르에 있어서는 실존의 '3'단계, 곧 낭만적·미적 실존, 윤리적 실존, 종교적 실존이 된다. 마르크스도 물론 드러내지는 않았지만 3분법의 원리를 갖고 있다. 마르크스가 ≪경제학비판(經濟學批判)≫의 서문에서 '시민경제의 체계'를 '자본·토지·소유·임금·노동·국가·외국 무역·세계시장'이라는 순서로 조사하고자 할 때 이것은 결코 우연은 아니다. 마르크스 자신도 이러한 구분은 우선 세 가지 부문, 곧 시민사회 내의 세 큰 계급, 따라서 자본가 계급·지주·임금 노동자를 다룬다고 말하고 있다. 두번째의 3분된 집단도 마찬가지로 상호관련 되어있다. 말하자면 마르크스는 이러한 관련을 '현저하게 만든 것'에 [24] 만족하고 있다.

≪자본론≫의 조심스러운 검토와 이 책이 세 권으로 나누어진 것은 분명히 3분법을 보여 준다. 한 가지 예를 들면 첫권의 제4장은 '자본의 일반 공식'으로 시작된다. 그리고 '일반 공식의 모순'이 다음에 오고 마지막 세번째 절은 '노동력의 구매와 판매'를 다루고 있다. 여기에는 3분법 자체가 직접적으로 나타나 있을 뿐 아니라,

통일(일반 공식)로부터 모순으로, 다음에 종합(노동력의 판매와 구매)으로 이끌어 가는 변증법적 운동이 분명하다.

그런데 변증법의 공식은 '운동의 공식'으로서 그때그때의 소재를 전개시키는 것이다. 운동의 공식으로서의 변증법의 공식은 상호 관련된 '3단계'를 갖고 있다. 이는 다이내믹한 공식이라 하겠다. 이러한 역학(力學)의 본질을 우리는 앞 절들에서 이미 설명한 바 있다. 이와 같은 운동 공식에 있어서 본래적으로 동적인 요인은 부정(否定)과 부정적(否定的)인 것이다. 긍정적인 것이 발견되면 즉시 역학이 작용하기 시작하고, 역학은 첫 부분에 운동을 일으키는데, 헤겔의 말을 따르면 첫 부분을 지양(止揚)하고 이렇게 함으로써 셋째 부분을 향한 운동을 끌어들인다.

운동과 그 공식은 모든 변증법적 사고가 복종하는 견고한 법칙이다. 헤겔이 《현상학》 서론에서 설명한 바 있는 식물의 변증법이라는 간단한 예에서도 이 점은 직접적으로 드러난다. 헤겔이 갈라 놓은 식물의 세 부분은 꽃봉오리·꽃·열매다. 그리고 나서 헤겔은 변증법을 설명한다. '꽃봉오리는 갑작스러운 개화로 사라져 버리고, 따라서 꽃봉오리는 꽃에 의해 부정되었다고 말할 수 있을 것이다. 마찬가지로 열매에 의해 꽃은 식물의 거짓 정재(定在)였음이 설명되고, 따라서 식물의 진리

로서 열매가 꽃의 자리를 차지하게 된다.'[25]

확실히 여기서 헤겔은 식물적 생기(生起)의 현상 형태(現象形態)를 '참되다' 또는 '거짓이다'라는 카테고리와 혼동하고 있다. 이러한 혼동을 추궁하다 보면 우리는 마치 변증법적 운동의 처방을 보는 것 같다. 이 처방은 변증법적 3단계에 있어서 후속(後續) 부분은 모두 선행 부분을 '지양하고', 그 다음 그 자체가 다시 후속 부분에 의해 '지양된다.'

여기에는 변증법적 사유의 작업적 성격이 분명히 나타나 있다. 꽃은 꽃봉오리에 대한 반정립으로 간주되기 때문에 꽃은 부정적인 것으로 지명될 수 있다. 따라서 변증법적 회전이 시작되고, 이 회전(回轉)은 열매가 꽃에 대한 모순으로 파악되고 새로운 부정으로서 꽃을 지양할 때까지 계속된다.

이 예에서 아주 간단하고 자의적인 것으로 보이는 것은 모든 변증법적 사유에 있어서 반복된다. 따라서 마르크스가 《자본론》에서 어떻게 동일한 작업 원리를 따르고 있는가 하는 것은 명백해진다. 예컨대 그는 제4장에서 처음에는 자본의 일반 공식을 보이고, 그 다음에는 그는 이 공식의 여러 모순을 찾아낸다. 제3단계에서 이러한 모순의 지양·해소가 입증되는데 이것은 물론 궁극적인 지양이나 해소는 아니다. 자본은 노동력이 구매되고 판매된다는 사실을 통해 존재하는 것이다.

변증법적 공식의 운동 구조는 마르크스의 역사 이론에도 마찬가지로 일관되어 있다. 사물의 시초에는 욕구가 있으며, 이 욕구를 만족시켜야 하기 때문에 노동을 하지 않을 수 없는 노동하는 인간이 있다. 헤겔도 이미 이 점을 자세히 설명한 바 있고, 변증법적 현상으로 규정한 바 있다. ≪법철학≫의 190항에서 '짐승은 제한된 욕구를 만족시키는, 역시 제한된 범위의 수단과 방법을 갖고 있다'고 말한다. 그런데 짐승과는 반대로 인간의 변증법은 인간의 욕구가 가중됨에 따라서 헤겔이 말하는 바와 같이 의존성으로부터 벗어날 수 있음을 보여준다. 이와 같이 '(의존성으로부터) 벗어날 수 있다'는 것에 변증법적 생기(生起)가 놓여 있으며, 여기에서 부정적인 것으로부터 인간의 발전은 그 출발점을 얻는 것이다.

마르크스는 이와 같은 경향을 정확히 이어받는다. 마르크스는 헤겔과 마찬가지로 노동의 진행 과정에서 변증법적 전개를 요구하는 근본 현상을 본다. 그러나 변증법적 전개는 노동 그 자체가 대립적이며 반정립적임이 확증될 때에만 시작될 수 있다. 이미 헤겔은 욕구의 구분과 가중, 더 나아가 욕구 충족 수단의 구분과 가중은 동적인 요소를 제시한다고 가르친 바 있다. 마르크스가 노동을 통해 인간이 이용할 수 있는 욕구 충족의 가능성은 노동의 분업에 따라 구분된다고 주장할 때 헤겔이 말한 것을 다르게 표현하고 있는 것이다.

이제 긍정적으로 노동이라고 이해되는 근본 현상 내부에서 부정적 계기가 발견된다. 이와 같은 반정립적 구조화로부터 변증법적 과정이 시작된다. 노동의 분업은 인간과 인간의 차별을 성립시키고 이러한 차별은 역사에 있어서 단계적으로 자본주의 체제로까지 전개되어 온 것이다. 그런데 헤겔도 이미 노동을 이러한 의미로 정의한 바 있다. 그는 '특별한 욕구에 대해 역시 이미 적합한 특별한 수단을 마련해 주고 획득하게 해주는 매개체가 자연으로부터 직접 주어진 자료를 다양한 과정을 통해 다양한 목적에 알맞도록 특수화하는 노동이다.' 라고[26] 말한다.

그러나 헤겔에 있어서는 노동의 변증법은 인간과 정신의 변증법적 운동의 거대한 과정 가운데 들어 있는 많은 변증법적 부분 중의 하나에 지나지 않는다. 마르크스에 있어서는 노동의 변증법은 근원적 변증법이며, 인간과 인간 사회의 원초적(原初的) 운동이다. 마르크스의 의견에 의하면 지식과 정신의 전개가 인간 사회보다 선행되는 것이 아니라, 노동 형태 및 노동의 사회화가 선행되는 것이다. 이러한 차이가 분명하다면 헤겔도 마르크스와 마찬가지로 운동의 동일한 근본 형식을 이용했다는 것이 분명하다. 근원적인 통일이 분열된다. 최초로 성립된 노동의 원형태는 여러 가지 노동 형태로 갈라진다. 이러한 분열은 마르크스가 말한 바와 같이 이미 종족의 차이에 의해 정해져 있다. 근원적인 통일의 붕괴와 함께 변증법적 역학이 등장한다. 종속 부분(從屬部分)으로 갈라진 통일은 새로운 통일을 조직하고, 이것은 다시 붕괴되고 새로운 통일을 조직한다.

헤겔이 그의 모든 저작에서 보여 준 것을 마르크스와 키에르케고르도 마찬가지로 보여 주고 있다. 이 사상가들은 모두 그 나름의 방식으로 변증법적 과정을 가르친다. 마르크스는 이 과정을 인간 사회에서 발견하고, 키에르케고르는 이 과정을 실존적 완성에서 확인하며, 헤겔은 절대 이성의 변증법을 가르친다.

각 사상가가 보여 주는 경향, 귀결 및 현상은 다양하지만 변증법의 운동 공식은 공통되어 있다. 마르크스는 왜 헤겔이 처음으로 변증법의 일반적인 운동 형식을 제시했다고 자인했는가 하는 이유를 잘 알고 있었다. 헤겔은 사실 통일·붕괴, 새로운 통일·붕괴……라는 골격과 작업적 근본 도식을 세워 놓았기 때문이다.

8. 변증법과 역설

정립·반정립·종합으로 규정된 변증법의 공식은 헤겔이 창안해 낸 것이 아니고, 헤겔은 이 공식을 피히테로부터 이어받은 것인데, 피히테에 있어서는 이 공식은 지식학의 기초적인 원리였다. 니콜라이 하르트만이 말한 바와 같이 피히테에 의해 아직도 느슨하고 불안정하게 사용된 이 공식은 헤겔에 의해 자명한 것처럼 이용되고 있고, 이 공식은 헤겔에 의해 보편적 형식 및 세계 공식으로 확대된다.

그러나 변증법적 원리는 궁극적으로는 피히테나 헤겔로부터 나온 것은 아니다. 변증법적 원리는 사고 원리—물론 논리적 원리로 인정될 수 없는 것이지만—로서는 언어가 존재하는 한 이전부터 계속 존재해 온 것이다. 변증법적 원리는 언어의 변증법에 기초를 두고 있고, 따라서 그 구조에 있어서는 역설적 언어 현상에 의해 가장 분명하게 확증된다.

이러한 주장은 놀랍고 갑작스럽게 들릴지도 모른다. 그러나 이 주장에는 이론의 여지가 없다. 변증법적 처리에 의해 진술될 수 있는 전체적인 작업의 특징은 낱낱이 모든 역설적 언어 현상에서 확인될 수 있다.

모든 역설적 사고와 모든 역설적 표현에서 우리는 독특한 성격을 가진 부정을 발견한다. 이 부정은 변증법적 작업의 근본 특징인 것이다. 동일한 표현에서 '부정적으로 그리고 긍정적으로' 규정되는 것이 항상 나타난다. 이것은 이미 '나는 무지하다는 것을 안다.' 또는 '한 번은 수도 아니다.' 등의 역설적 표현에 나타난다.

역설적 표현은 헤겔이 변증법의 표징(表徵)이라고 말

해 헤겔의 요구를 정확히 충족시켜 준다. 또 부정적인 것—이것은 동시에 긍정적인 것이기도 하다—이 진술되어 있는 것이다. 때로는 소크라테스의 말 '나는 무지하다는 것을 알고 있다.'에서와 같이 부정적인 것은 긍정적인 것임을 강조한다. 때로는 속담 '한 번은 수도 아니다.'에서처럼 반대로 긍정적인 것은 부정적인 것임을 강조한다.

그러나 간단한 역설적 진술에는 아직도 변증법적 운동이 나타나 있지 않다. 여기에 변증법적 융합과 함께 대립과 모순이 나타나 있다. 역설적 진술 자체는 다른 모든 진술과 마찬가지로 고정되고 완결된 문장이다.

그러나 이러한 문장들은 운동에 몰아넣을 수는 있다. 우리가 이미 앞에서 설명한 바 있는 진정한 역설로서 역설적 추리 및 연역(演繹)으로 전개되는 예들에서 이 점은 분명해진다. 곧 거짓말쟁이의 역설은 '모든 크레타인은 거짓말을 한다.'는 진술로 시작된다. 이 진술은 어떤 것을 주장하고 있다. 그런데 이러한 진술을 한 사람 자신이 크레타인인 것이다. 따라서 다시금 헤겔의 요구가 충족된다. 곧 부정적인 것—곧 '모든 크레타인은 거짓말을 한다.'는 진술—이 나타나지만, 이 부정적인 것은 동시에 긍정적인 것이다.

그러면 이 진술은 어느 정도로 긍정적인가? 이것은 우리가 생각을 진전시켜 거짓말쟁이답게 모든 크레타인은 그 자신의 진술을 부정하고 있다는 점을 확인할 때에 비로소 명백해진다. 이러한 이중의 부정은 긍정을 초래한다. 모든 크레타인은 거짓말을 한다는 것이 참이 아니라면 에피메니데스는 진실을 말하고 있는 것이다.

고대로부터 전해 내려오거나 최근에 생긴 예에 있어서 이 점은 동일하다. 언제나 동일한 메커니즘이 등장하는 것이다. 그것은 예컨대 다의미적(多意味的)인 것의 특징처럼 그 자체가 부정적인 주장 또는 정의가 된다. 이러한 부정적인 특징은 고유한 의미를 갖는다. 그러나 이 고유한 의미도 여러 가지 이질적인 뜻을 갖고 있다. 그 다음 다시 이중의 부정은 사실, 곧 동일한 뜻을 가진 사실을 탄생시키는 것이다…….

역설, 특히 역설적 추리는 말하자면 무내용적인 형식에 있어서 변증법적 운동을 보여 준다. 확실히 이미 말한 바와 같이 이러한 변증법적 운동은 무내용적이다. 변증법적 운동에 있어서는 아무것도 일어나지 않으며, 변증법적 운동은 즉시 나타나서 차례로, 곧 여러 가지 이질적인 뜻을 가진 것으로 또 동일한 뜻을 가진 것인 경우에는 여러 가지 이질적인 뜻을 가진 것으로 반복된다. 이러한 변증법에 있어서는 오직 기계적인 운동, 다시 말하면 정립으로부터 반정립으로의 추이(推移)가 있을 뿐이다.

확실히 사람들은 여기서는 변증법적 운동에 변증법의

의미가 나타나 있지 않다고 반대할 수 있다. 변증법은 정립으로부터 반정립으로, 더 나아가 다시 정립으로 움직이는 것은 아니다. 실제의 생산력인 변증법은 순환 운동을 하는 것이 아니라 단계적으로 상승하는 것이다. 정립과 반정립에 종합이 따른다. 그런데 이 셋째 단계는 발전되고 확대된 사고를 보여 주는 것이다.

이와 같은 반대는 전적으로 옳다. 그러나 이러한 반대가 변증법의 원형이 역설적 사유의 형식에 나타난다는 점을 변경시키지는 못한다. 오해를 피하기 위해서 우리는 이와 같은 주장으로 변증법적 사고가 무의미하다는 것을 논증하려고 하는 것은 아님을 말해 두는 것이 좋겠다. 그리고 이와 같이 변증법을 역설로 환원시키는 것을 변증법적 사고를 부정하는 것이라고는 결코 믿지 않는다.

다른 입증을 다루기로 하자. 본래의 논리적 사고가 사실상 그 자체와 동일한 것에 기초를 두고 있는 것처럼 변증법적 사유는 대립적인 사실에 근거를 두고 있다. 어떤 것이 그 자신으로부터 구별되거나 사고가 사고 자체를 지양하는 운동이 실현될 수 있는 곳에서는 어디서나 우선 변증법적 근거가 마련된다. 그런데 이러한 자기 자신을 지양하는 운동이 다시 긍정적인 것으로 간주되자마자 인식의 변증법적 운동이 전개된다.

역설적 추리에서는 변증법적 과정은 자체 내의 순환

으로 나타나고 의미 없는 자동 운동으로 나타난다. 인식도구(認識道具) 및 개시적(開示的) 사고 조작(思考操作)으로서의 변증법적 방법도 내부적인 운동을 보여 준다. 헤겔은 변증법적 처리에 있어서 개념은 자체 운동 및 순환(循環)이 된다는 것을 올바르게 인식했다.

9. 논리적 진리와 변증법적 진리

변증가(辨證家)들은 그들의 처리 방식을 방법이라고 부르며, 헤겔과 마르크스는 그들의 처리 방식을 과학적 방식이라고 파악한다. 모든 변증가들이 그들의 사고의 수행(遂行)에 있어서 진리를 발견하고자 하는 요구를 내세우고 있다는 것은 의심의 여지가 없다.

그러나 변증법적 사고에 있어서 바로 진리가 논쟁의 대상이 되는 것은 오래된 전통이다. 헤겔이 변증법적 사유는 과학적 사유이며 변증법만이 유일하고 참된 방법이라고 주장한다면, 이에 맞서 변증법은 '가상의 논리학'(칸트)이고 '거대한 오류'(트렌델렌부르크)이며, 참되지 못하고 위험한 판결이 항시 되풀이되고 있다.

이 논쟁에 있어서 결정적인 관점은 진리에 대한 관념과 표상이다. 서양 사상에 있어서는 진리 개념은 튼튼한 닻을 내리고 있는데, 이 진리 개념은 변증법적 사고와 변증법적 사고에 의해 해명된 진리 개념을 부정하고 있다. 가장 단순하고 가장 일반적인 기준이 되는 인식만이 진정한 의미에 있어서의 진리라고 파악되고 있다.

따라서 변증법적 사고에 대한 기본적 반대는 논리학으로부터 나온다. 이러한 반대는 변증법의 작업 기술만이 아니라, 이 기술에 의해 받아들여진다. 형식논리학만이 변증법을 부인하는 것이 아니고, 수학적 및 자연과학적 사고도 변증법적 방법을 인정하지 않는다.

먼저 논리학의 진리 개념을 살펴보면, 형식논리학은 오직 일의적(一義的)으로 고정시킬 수 있는 사고 결과만을 진리라고 인정한다. 이러한 사고 결과는 동일률(同一律)·모순율(矛盾律)·배중률(排中律) 등의 논리학의 원리를 요구한다. 이러한 규칙은 각각 또는 공동으로 사고가 그 수행에 있어서 고정적이며 일정한 사고 규칙에 따라 개조된 사실과 관계했다는 것을 보증하게 된다.

논리적으로 사고하고자 하는 자는 일의적인 사고의 길을 가지 않으면 안 되며, 그는 개념을 그 내용과 타당성이 '고정'될 수 있도록 사용하지 않으면 안 되며, 그는 그 사유와 과정에 있어서 형식논리학이 일의성의 유지를 위해 세운 규칙에 따르지 않으면 안 된다.

논리학이 일반적으로 사유에 대해 요구하는 것을 다른 과학도 받아들이고 있다. 수학적 방법과 실험적 방법도 동일한 길을 가고 있다. 수학적 방법과 실험적 방법은 고정될 수 있고, 일의적인 사실을 진리로서 추구한다. 실험은 그것을 반복할 때 동일한 조건 밑에서는 동일한 결과가 나와야만 비로소 타당하다고 증명된다.

형식논리학이 추리론(推理論)에서 완성한 바와 같은 사고 운동의 작업 기술은 이러한 요구를 따르고 있다. 추리는 개념의 애매성이 배제되고 개개의 사유 과정이 전체로부터 결론을 일의적으로 이끌어 낼 수 있도록 수행될 때에만 옳은 것이 된다.

따라서 이와 같은 사유 영역에서는 진리는 일의적이고 정확히 확정되는 사실이며, 이 사실은 다른 것과 엄밀하게 분리·구별될 수 있는 것이다. 이러한 의미에 있어서 진술된 것은 안정적이라는 점에 진리는 의존하고 있다. 이러한 진리 개념은 마치 영원한 것처럼 보이는 진리에 의해 가장 분명하게 대표되고 있다. 그러므로 사람들은 수학적 명제의 진리는 불변이며 피타고라스의 정리는 2천 년 전과 똑같이 오늘날도 타당하다고 말하고 있다.

일의적·고정적·불변적 및 안정적 인식은 논리학의 원리에 의해 정립되는 사유에 있어서는 진리다. 이러한 관점에서 본다면 변증법적 진리는 있을 수 없다. 진리는 운동으로서 현실적이라고 하는 변증법적 사유의 제1원리는 본질적으로 진리에 속하는 것을 부인하는 것이기 때문에 허위가 아닐 수 없다.

이와 같은 형식논리학은 변증법적 사유의 출발점부터 반대를 제기하고 있다. 더 나아가 형식논리학은 변증법적의 작업 원리에 반대한다. 헤겔이 부정적인 것은 동시에 긍정적이라고 말할 때, 그는 이미 동일률에 저촉된다. 형식논리학에 있어서는 부정적인 것은 부정적이며 긍정적인 것은 긍정적이지, 부정적인 것이 동시에 긍정적이라고는 주장될 수 없다.

이와 같이 규정되면 헤겔과 다른 모든 변증가들이 부정에 부여한 역동적이며 작업적인 능력은 붕괴된다. 그 밖의 변증법의 작업 원리도 마찬가지로 형식논리학에 의해 부정된다. 형식논리학에 있어서는 반정립적이며 모순적인 진술은 일의성이 요구를 충족시키지 못하고, 따라서 고정될 수 없기 때문에 '참되지 못한 것'이다. 따라서 소크라테스가 '나는 무지하다는 것을 알고 있다.'고 말할 때, 이 말은 일의적인 것도, 고정될 수 있는 것도 아니다.

이른바 배중률은 어떤 현상에 대해서 동일한 시간에 동일한 관련 밑에서 대립되는 것을 말하는 것을 금지한다. 그러나 소크라테스는—확실히 동일한 관련에서는 아니지만—대립되는 것을 금지한다. 그러나 소크라테스는—확실히 동일한 관련에서는 아니지만—대립되는 것을 말한다. 그러나 모순이 진술되었을 때에는 언제나 논리적 사유는 정지된다. 이러한 경우에는 이러한 진술은 일의적(一義的)이 아니라는 협의가 생기는 것이다. 따라서 논리학적 사유의 입장에 선다면, 일의적이 아닌 진술로부터는 어떠한 결론도 이끌어 낼 수 없고, 일의적인 진술로부터는 최초의 진술과 마찬가지로 참되지 못한 이의적(二義的)인 결론이 나오기 때문에 여기서 논리적 사유는 정지하는 것이다.

따라서 끝으로 형식논리학의 입장에서 보면 모든 변증가들이 설명하는 변증법의 단계는 존재할 수 없다. 이러한 단계는 정확히 말하면 언제나 오직 이의적인 시야를 열어 주는 한 진리로 인도해 주는 것은 아니다. 변증법적 단계는 결코 '참된 사유 과정'이 아니며 단지 기만적인 단계에 지나지 않는다.

여기서는 오직 간결하게 설명했을 뿐인 논리학의 근본 원리와 원칙은 서양의 과학적 사유의 거대한 부분의 기초가 되고 있음은 증명이 필요하지 않으리라. 과학적 사유의 모든 실천, 특히 정밀과학의 실천은 '모순'은 인식이 아니라 기껏해야 인식의 전 단계로 간주되고 있음을 가르치고 있고, 따라서 모순의 왕국은 아직도 명료화되지 않고 고정되지 않은 진리를 제시하는 차원이며, 한편 진리는 오직 확정적·고정적이며 타당한 진술이 이루어지는 곳에만 깃든다.

이러한 진리 개념은 헤겔, 마르크스, 키에르케고르가 세운 변증법적 진리 개념과 대립된다. 변증법적 진리 개념의 특징을 다시 요약해 보기로 하자. 헤겔에 있어서는 진리는 개별적인 것으로서는 확정될 수 없는 것, 논리적 의미에 있어서 일의적으로 고정될 수 없는 것이며, 진리는 운동이고 따라서 진리는 성립했다가 사라진다. 진리는 변증법적 운동의 완결에 있어서만 파악될 수 있는 전체인 것이다. 헤겔이 《현상학》에서 다음과 같이 가르칠 때, 그는 이 점을 고려하고 있다. '참과 거짓은 하나는 저기에서 또 하나는 여기에서 다른 것과 결합되지 않은 채 고립되고 확정되어 있는 고유한 본질에 대해서만 부동의 타당성을 갖고 있는 규정된 사상에 속하는 것이다. 이에 대해 진리는 주조(鑄造)된 화폐—기성품으로서 주머니에 넣고 다닐 수 있는—가 아니라는 것을 주장하지 않으면 안 된다…….'

마르크스는 헤겔보다 더 철저한 결론을 내렸다. 헤겔에 있어서 '진리의 주신적(酒神的) 도취'에 나타나는 바와 같이 결국 오직 암시와 비유에 그쳤던 것이 마르크스에 의해서 냉정하고 명백한 이론으로 표현된다. 진리는 운동에 의존해 있다. 따라서 그는 '이데올로기'라는 개념을 전개시킨다. 이데올로기는 마르크스에 있어서는 사회적 기초의 변증법적 운동 기능이다. 그때 그의 기초는 시대 의식에 '이데올로기적으로' 모사(模寫)된다.

진리에 대해서 물을 때에 이데올로기라는 개념이 갖는 귀결은 분명해진다. 마르크스에 의하면 참된 이데올로기와 거짓 이데올로기가 있다. 이데올로기는 주어진 여러 관계와 부합할 때 참되고, 주어진 여러 관계에 부합되지 못할 때에 거짓이다. 여기까지는 이 이론은 매우 단순하다. 그러나 이 이론을 더욱 추구해 보면 복잡해진다.

마르크스에 의하면 사회는 끊임없는 운동 가운데 있으므로 전체적이고 타당한 이데올로기를 갖고 있는 사회의 하부구조가 변경되는 시점(時點)이 항상 나타난다. 하부구조가 변경되면 이데올로기도 변해야 한다. 참된 것으로부터 이제는 참되지 못한 것이 된다. 경제적 기초의 변화와 함께 '거대한 상부구조 전체가 천천히 또는 급속하게 전복된다.'고 마르크스는 가르친다. 법(法), 국가 경제 형태에 대한 견해, '법적·정치적·종교적·예술적 또는 철학적, 간단히 말하면 이데올로기적 형태'가 변경되고, '경제적 생산 제 조건에 있어서의 자연과학적으로 충실히 확인된 전복'이 이에 따른다.[27]

따라서 전에는 참된 것으로 통하던 거대한 부분—곧 '이데올로기적' 부분—이 참되지 못한 것이 된다. 이와 같은 전복의 시기에는 진리와 진리가 대립하여 다투게 된다. 곧 몰락하는 진리와 새로운 진리가 싸우게 된다. 낡은 진리의 권리는 붕괴되고 낡은 진리는 거짓 이데올로기가 되며, 새로운 진리가 성립하여 반드시 승리하며 새로운 진리에 새로운 이데올로기가 나타난다.

그런데 흔히 잘못 주장되고 있는 바와 같이 마르크스에 있어서 이데올로기라는 개념은 진리 개념과 동일한 것은 아니다. 또한 이데올로기가 성립되었다가 소멸되는 과정에서 그때그때의 타당한 진리가 모두 지양되는 것은 아니다. 마르크스 자신도 이에 대해 가끔 말하고 있지만 마르크스에 있어서는 사회의 운동과 밀접하게 결부된 이데올로기적 진리가 존재하고, 한편 사회의 운동으로부터 독립된 진리가 있다는 것은 확실하다. 마르크스가 위의 인용문에서 사회적 이데올로기의 교체와 사회적 기초의 '자연과학적으로 충실히 확인된' 전복을 구별한 것은 이미 이 점을 명시하고 있는 점이다.

 따라서 어떤 진리를 이데올로기적 진리라고 말할 수 있는 한 이 진리는 가동적(可動的)·가변적(可變的)이다. 그러나 마르크스에게도 헤겔의 경우와 마찬가지로 전체라고 하는 궁극적 진리가 존재한다. 헤겔에 있어서는 궁극적 진리는 절대 정신이라는 전체에 근거를 두고 있고, 마르크스에 있어서는 사회 관계라는 전체에 근거를 두고 있다. 어떤 진리가 타당한가 그렇지 않은가 하는 것은 그때그때의 전체로부터 판정된다. 마르크스에 있어서 사회적 발전의 전체는 그때그때의 이데올로기의 타당성을 결정한다. 그러므로 예컨대 공산주의 진리는 시민정치가의 진리보다 전체에 이바지 하는 바가 많기 때문에 진정한 진리다.

키에르케고르에게는 이러한 전체는 존재하지 않는다. 그러므로 진리는 어떠한 방식으로든 객관적 크기 이상으로 정의될 수 없다. 따라서 키에르케고르는, 진리는 단독자의 진리라고 말한다. 여기에는 진리에 대한 다음과 같은 정의가 있다. 곧 '가장 정열적인 내면성에 의해 자기 것으로 만들어지는 객관적 불확실성이 있는데, 이것은 진리이며 실존하는 자에 대해서는 최고의 진리이다.'[28] 헤겔과 마르크스의 이념은 그 기준을 전체에 두고 있다. 그때그때의 전체로부터 객관적으로 파악할 수 있는 사실로서 진리가 나타난다. 키에르케고르에 있어서는 이것은 타당하지 않다. 진리는 하나의 다른 운동, 곧 실존의 부단하고 정열적이며 모순에 찬 운동의 결과인 것이다. 여기에서 키에르케고르의 '진리는 주체성이다.'라는 주도적 사상이 나온다.

변증법적 진리 개념은 각기 궁극적 현상이라고 파악되는 그때그때의 운동에 근거를 두고 있다. 헤겔의 경우에는 절대정신의 운동이 진리를 결정하듯, 마르크스에 있어서는 사회운동이, 키에르케고르에 있어서는 실존적 운동이 진리를 결정한다.

따라서 일의성·고정성·객관적 타당성 등 진리의 논리적 기준은 덧없는 것이다. 그러면 그 대신 어떤 기준이 생기는가? 이것은 변증가들에 의해 명확히 서로 다른 대답이 나온 비관적 물음이다. 여기서는 우선 지금까지의 설명의 결말을 반복하는 데 그치려 한다. 곧 헤겔과 마르크스에 있어서는 그때그때의 전체의 확실성이 진리의 기준을 제기하고, 한편 키에르케고르는 이러한 기준을 부여하고 오직 객관적 불확실성을 척도로 인정할 뿐이다.

10. 진리의 변증법적 기준

가장 현저하고, 동시에 보다 오래된 논리적 진리 개념은 변증법적 사고의 모순적 특징과는 가장 엄밀하게 구별된다. 곧 일(一), 변증법적 사유에 있어서는 고정되고 독립된 타당성을 가진 진리는 존재하지 않고, 변증법적 사유에 있어서는 진리는 가동적·가변적이며 변화를 겪고 있다. 그 변증법적 사고에 있어서는 진리는 일의적(一義的)이고 무모순적(無矛盾的)인 사실과 진술일 뿐 아니라, 일의적이고 모순된 진술과 소여성(所與性)이기도 하며, 따라서 진리는 숨겨져 있는 것으로 생각된다.

무엇보다도 두번째 주장이 가장 강력한 반대에 부딪친다. 이 주장은 논리학의 기본적 원리, 곧 동일률에 저촉된다. 논리적 사고에 있어서는 동일한 사실이 동시에 또 하나의 반대되는 사실이 된다는 일은 있을 수 없으나, 변증법적 사유에 있어서는 헤겔의 말을 빌리면 부정적인 것인 동시에 긍정적이기도 하다는 것이 성립된다. 따라서 대립적인 것, 모순되는 것을 현상화하는 참된 진술도 존재하며, 이의적·모순적·역설적 표현도 있다. 이러한 표현은 부정적인 것은 동시에 긍정적이라는 근거로 말미암아 거짓이 아니다.

진리는 가동적이며 가변적이라는 또 하나의 주장은 논리적 사유만이 아니라, 바로 인간의 본질에 선천적으로 갖추어져 있는 것처럼 보이는 불변적이며 영원한 것이라고 생각한다. 모든 운동을 초월하여 군림하는 불변의 진리상은 매우 뿌리깊은 것이다.

그러나 잘 알려져 있는 진리 표상과 진리 개념의 역사를 잠시 돌이켜 보면 진리의 개념은 불변의 것이 아니며, 진리의 기준도 불변의 것이 아님을 알 수 있다. 논리학은 아리스토텔레스 시대 이래로 한 걸음도 전진하지 않았고 또 후퇴하지도 않았으며, 또한 전진이나 후퇴를 할 수도 없는 것이라는 칸트의 주장은 이의의 여지가 없다. 그러나 형식논리학의 체계는 변화하지 않았다 하더라도 이 체계에서 나온 진리의 기준은 언제나 동일하지는 않았다는 사실을 부인할 수는 없을 것이다.

이와 같은 주장이 옳다는 것을 보여 주는 가장 좋은 예는 칸트다. 칸트 자신이 형식논리학에서 모순율에 의해 세워진 모순의 기준을 변경시킨 것이다. 그는 모순율과 배중률은 '모든 진리의 일반적인, 그러나 단지 부정적인 것에 지나지 않는 기준'이라고 주장함으로써 형식논리학의 타당 영역을 철저히 변경시킨 것이다.

이와 같은 변화가 비교적 중요하지 않은 것이라고 한다면 진리 개념의 역사는 또 다른 의미 깊은 변화를 보여 준다. 예를 들면 아리스토텔레스의 논리학, 그리고 후에는 형식논리학에 가장 분명하게 제시된 저 오래된 진리 개념은 과학적 사유의 발전과 함께 다른 종류의 진리 개념에 굴복하고 만다.

첫번째(곧 아리스토텔레스와 형식논리학의) 진리 개념은, 진리는 '로고스' 안에서 발견된다는 데에서 출발한다. 올바른 언어 수단을 사용하여 올바른 방식으로 존재자에 대해 진술한 것은 참이다. 존재자에 대해 거짓 진술을 한 경우, 곧 존재의 가상(假象)을 드러냈을 뿐이거나, 존재자를 기만하거나, 옳게 파악하지 못하거나, 잘못 해석하거나 또는 거짓말에 있어서와 같이 고의로 날조하거나 하는 경우에는 참이 아니다.

여기서는 '현존하는 것'을 언표(言表)한 진술은 참된 진술이고, 반대로 '현존하지 않는 것'을 언표한 진술은 참되지 못한 진술이다. 그러나 이러한 존재론적 진리 개념은 낱말과 언어로 표현되는 진술 대신에 수학이나 실험과 같은 다른 도구가 등장하게 되면 이미 만족스러운 것이 아니다. 이러한 도구를 상용하면 공공연하게 드러나 있는 것, 그리고 그 현상에 있어서 올바르게 파악되어야만 하는 것을 파악하는 데 그치지 않는다. 여기서는 참된 것은 올바른 현상만이 아니고 여기서는 직접적으로 현상으로 나타나지 않고 숨겨져 배후에 있는 것을 진리로 파악한다. 수학적 사고와 실험에 의해서 비로소 지구는 정지해 있고 태양이 움직이고 있다는 최초의 명백한 경험과는 반대로 지구가 우리들과 함께 돌고 있다는 것이 입증된다.

이제 여기에서 흔히 사람들이 말하는 바와 같이 보다 엄밀한 진리의 기준이 생긴다. 이제는 오직 방법적 처리에 의해서 반복되고 있고, 항상 반복될 수 있는 존재라고 입증된 것만이 참된 것이다. 이와 같이 방법적으로 획득된 진리 개념은 단순한 존재가 아니다. 방법적인 파악에 의해서 보증되고 고정될 수 있는 존재를 요구한다.

무엇보다도 수학적 및 자연과학적 사고의 기준이 된 이러한 새로운 진리의 기준은 그후 수세기 동안의 발전에 있어서 거역할 수 없는 의미를 얻게 되었다. 이와 같은 방식으로 발견된 진리에 있어서는 계산 형식으로 된 진술은 예언이기도 한 것이다.

그런데 이 두 가지 서로 다른 진리 개념, 곧 단순한 논리적 진리 개념과 수학적 진리 개념은 공통점을 갖고 있다. 곧 이 두 진리 개념에 있어서는 무모순(無矛盾)의 원리는 절대적인 타당성을 갖고 있다. 따라서 이 두

가지 진리 개념은 변증법이 해명한 진리 개념과는 대립된다. 특히 수학적 진리 개념은 명백히 변증법적 진리 개념에 대립된다. 이 점을 헤겔은 잘 알고 있었고, 따라서 그의 수학에 대한 논란은 형식논리학의 경우보다 훨씬 공격적이다.

그럼에도 불구하고—놀랍게 들릴지는 모르지만—수학적 사고의 형식은 변증법적 사고와 관계를 갖고 있다. 물론 우리는 이 유사성을 표면적인 유사성에 지나지 않는다고 말할 수도 있다. 수학적 및 자연과학적 사고는 형식논리학의 규칙을 따르는 사고보다는 훨씬 큰 작업적(作業的) 및 도구적 가동성(可動性)을 갖고 있다. 형식논리학의 규칙에 따르는 사고는 눈앞에 주어져 있고 직접적으로 나타난 사실을 넘어설 수 있다.

변증법적 사고도 모든 변증법적 사상가, 특히 마르크스에게서 분명한 바와 같이 동일한 가능성을 추구하고 있다. 변증법적 사유는 예후적(豫後的)인 것이 되려고 한다. 변증법적 사고는 현재적인 것과 주어진 것에만 머물러 있으려고 하지 않는다. 헤겔은 미래에 대한 통찰을 거부했지만 무엇보다도 법철학과 국가철학에서는 예후적 경향을 나타내고 있다. 마르크스는, 그의 의견에 따르면 근거 있는 예언을 명확히 제시한다. 키에르케고르는 그의 사유를 통해 사변적(思辨的)으로 현실성에 침투하고자 한 점에서 헤겔과 공통되지만 그도 역시 예언적 진술을 보여 주는 경향을 갖고 있다.

 수학적·자연과학적 사고의 영역에는 예언의 가능성이 있으나, 철학적 사고의 영역에는 없다는 것을 입증하는 일이 칸트의 중요한 의도였다. 그의 ≪순수이성비판≫은 인식의 한계가 어디에 있는가를 명확하게 보여 주고자 하는 것이었다. 그러나 이와 같은 한계 설정으로 말미암아 그의 형이상학의 금지라는 결과가 나왔고, 이 점은 이미 그의 시대에 있어서 인정되었고 또 신뢰를 받았다.

 헤겔, 마르크스, 키에르케고르는 인식의 이러한 한계를 믿지 않는다. 그들은 변증법적 방법이 칸트가 설정한 한계를 무시하고 나아갈 수 있는 예후적 방법이라고 믿는다. 세 사람은 모두 그들 나름대로 사고를 '탈한계시킨다'. 그런데 이 점에 그들의 사고와 근대적 사고— 수학적 시대에 들어서서 근대적 사고는 처음으로 수학과 실험의 도구에 의존하게 된다—의 보다 깊은 연관이 있다.

 이 사상가들은 근대적 사고와 마찬가지로 '탈한계적' 사고를 대표하고 있는데 그 방식은 근대적 사고와는 완전히 다르고 그 목표 설정도 다르다. 따라서 우리는 사고 형태를 비교하는 경우 명백한 차이를 잊어서는 안 된다. 사변적·예후적(豫後的) 사고로서의 변증법적 사고는 옛적부터 전해 내려오는 논리적 또는 안정적이고 정밀한 인식이라는 기준을 포기한다. 여기에 확립되어 있는 차이점을 없애거나 보잘것없는 것으로 무시해서는 안 된다. 변증법의 진리 및 그 기준은 논리적이고 정밀한 사고 영역의 진리 및 기준과는 다르다는 것을 분명히 알아야 한다.

변증법적 사고는 온갖 형태에 있어서 진리에의 요구를 제기하고 헤겔과 마르크스는 그들의 사고의 대해 과학적 방법으로 진리를 발견하는 것이라고 주장했으므로, 결정적인 물음은 여기에서 진리의 기준은 무엇인가 하는 것이다. 도대체 변증법적 진리는 정확한 기준을 갖고 있는가? 혹은 많은 비판자들이 주장하는 바와 같이 변증법적 사고에 있어서 진리는 사이비에 지나지 않는가?

이것은 사실상 중요한 물음이다. 이 물음은 변증법적 사고의 존재 자체는 아니더라도 그 신뢰성 여부를 결정해 주는 것이다. 우선 우리는 이 물음에 대한 대답을 갖고 있다. 곧 변증법적 사고는 확실히 일반적으로 과학적 사고가 기대하는 일의적이고 논리적인 진리에 도달하지는 못한다. 변증법적 사고는 논리학, 수학적 방법론, 실험적 수단 등에서 타당하다고 인식되고 있는 진리의 기준을 포기한다.

우리는 변증법적 사고에서 진리라고 말하는 것이 무엇인가를 단순한 예나 복잡한 예를 통해서 밝힐 수 있다. 이미 인용한 식물의 변증법적인 예에서 헤겔은 변증법적 과정에 있어서의 진리를 설명하고 있다. 이 설명에 따르면 다음과 같은 것이 참이다. 꽃봉오리는 꽃에 의해 '부정되고', 마찬가지로 꽃은 열매에 의해서 식물의 거짓 정재(定在)로 설명된다고 헤겔은 말한다. 그러나 이것은 한 예에 지나지 않는다. 이와 같은 단계의 하나는 언제나 다른 단계에 뒤따르며 그 다른 단계를 배제해 버리는 것이다.

따라서 우선 '참이 아닌 것'의 기준이 생긴다. 한 전체에 있어서 후속되는 것에 의해 배제되는 것은 분명히 참이 아니다. 또한 동시에 진리의 기준도 주어진다. 한 전체에 있어서 선행된 것의 후속 사태로 나타난 것은 참이다.

마르크스가 현대를 자본주의적 체제라고 설명하는 변증법, 헤겔의 시민사회 비판의 출발점이 되었던 변증법도 동일한 방식을 사용한다. 자본주의적 체제는 반드시 몰락하며, 따라서 자본주의적 체제는 거짓이다. 자본주의적 체제가 봉건제도의 교체물로서 갖고 있는 진리는 상실되는 것이다.

따라서 어떤 소여성(所與性)이 변증법적 의미에 있어서 참인가 거짓인가 하는 것은, 이 사실이 전체의 체계에 있어서 어떠한 자리를 차지하는가에 따라 결정된다. 후속 부분의 그때그때의 선행자로서는 소여성은 참이다.

그러므로 변증법적으로 다루어지는 어떤 소여성의 진리는 전체에 있어서 그때그때의 부분에 주어지는 위치와 가치에 의해 결정된다. 따라서 기준에 대한 지식의 일반적 성격을 알고 있다고 하더라도 이 기준이 어떻게 개개의 경우에 적용되는가는 알지 못한다. 실제로는 다음과 같이 묻게 된다. 어떤 소여성을 아직도 참이라고 볼 수 있는가, 또는 후속적·부정적 소여성이 이미 나타나고 있기 때문에 거짓이라고 보아야 하는가—이것을 우리는 무엇을 근거로 해서 인식하는가?

일찍이 마르크스는 ≪자본론≫에서 변증법적 방법은 '존재하고 있는 것을 긍정적으로 이해하면서 동시에 이에 대한 부정, 이것이 필연적으로 몰락한다는 이해를 아울러 갖고 있다.'는 점에서 성립된다고 말했다. 이 말은 모든 존속체(存續體)는 긍정적이며 이러한 의미에서는 참으로 파악할 수 있으나, 동시에 그것은 이미 거짓으로서, 곧 필연적으로 몰락하는 것으로서 인식되어야 한다는 요구를 내세우고 있다. 그러면 어떤 것이 아직도 긍정적이고 참인지, 또는 이미 부정적이고 거짓인지 그 여부를 알려 주는 것은 무엇에 의해 그리고 누구에 의해 결정되고 그 기준은 어디에 있는가?

여기에서 변증법적 사고에는 여러 가지 변형이 있다는 점이 드러난다. 헤겔에 있어서는 분명히 기준은 이미 나타나 있는 현실이다. 정신과 역사를 전개시킨 바 있는 모든 단계는 그것이 후속 단계에 의해 극복되는 한 거짓이다. 그러므로 참된 것은 현재이고, 여기에 '이성적인 것은 현실적이고 또한 현실적인 것은 이성적'이라는 헤겔의 명제의 근거가 있다.

그러나 마르크스에게서 우리는 변증법적 작업의 또 하나의 변형을 발견한다. 마르크스에 있어서는 대립, 긴장, 모순을 보이는 것은 이미 필연적으로 몰락하는 것으로 파악되어야 하고, 따라서 '거짓'이라고 규정된다. 자본주의적 체제는 그 내부에 몰락을 야기시키는 긴장과 모순이 포함되어 있기 때문에 거짓이다.

여기에서 부정적 기준이 변증법적 사고의 본래의 작업적 진리 기준임이 밝혀진다. 대립과 모순이 명백해지고 이를 입증할 수 있는 경우에는 언제나 변증법적 사상가는 거짓과 참이 아닌 것의 첫번째 기준을 갖게 된다. 따라서 변증법적 사상가의 작업이 시작된다. 이제 제2단계는 이러한 모순의 해소로부터 나오는 소여성을 참된 것으로 입증하는 것이다. 이러한 사실은 갑작스러운 것은 아니며, 이 사실은 이미 헤겔의 변증법적 소여성에 대한 논평의 결론에 나와 있다. 이러한 소여성의 특별한 의미는 우리가 인식론적 및 인식 비판적 결론─이것은 변증법적 사상가에게는 반드시 명백한 것이 아니며, 그들에 의해 설명될 수 있는 것도 아니다─을 이끌어 낼 때에 명백해진다.

11. 조작적 진리로서의 진리, 조작적 인식으로서의 인식

첫째로 변증법 사유를 보여 주고 이해시키고, 둘째로 변증법적 사유의 한계를 밝히고 그 업적을 비판적으로 해명하려고 한 우리들의 분석도 마지막에 이르렀다. 이제 이 절에 남겨진 일은 지금까지의 연구로부터 나오는 보다 광범한 결론을 이끌어 내는 것이다.

헤겔이 사고 '방법(方法)'이라고 설명한 변증법적 사유는, 비록 그 시초를 고대에까지 더듬어 올라갈 수 있기는 하더라도 근대적 사유의 산물이다. 그러나 헤겔이 처음으로 오늘날 우리가 알고 있는 형식과 그 응용 방식을 변증법적 사유에 부여했다. 헤겔의 후계자들이 이의를 제기하지 않은 바와 같이 헤겔은 변증법을 방법적 절차로 발전시킨 것이다.

옛적부터 변증법은 그 고전적 형식이 논리학으로부터 나온 사유에 반대되는 것으로 간주되어 왔다. 논리적 사유의 기초를 이루고 있는 진리의 개념은 우리가 고대에서 발견할 수 있는 과학적 사유의 시발점에서부터 성립되어 있던 것이다. 근대에 들어와 과학이 발달함에 따라 이 진리 개념은 더욱 첨예화되었는데, 그 주요 성격은 어떤 사실의 일의적(一義的) 특징을 진리로 파악한다는 것이다.

이와 같은 진리 개념이 견지되는 한 변증법은 논리학

의 그늘에 묻혀 있어야 한다. 변증법으로부터 나온 진리 개념은 일의성(一義性)이라고 하는 절대적인 특징을 요구하지 않기 때문이다. 그러므로 칸트에 이르기까지 변증법적 사유는 고유한 과학적 사유의 변두리에 머물러 있었으며, 변증법적 사유는 진리를 밝혀 낼 수 있다는 인정을 받지 못했다.

그러나 변증법적 사유는 또 하나의 다른 발전을 맞이하게 된다. 근대와 함께 저 신속히 진행되고 때로는 격렬하게 전개된 과정, 장구한 시일에 걸쳐 진보로 파견된 과정이 시작된다. 이 과정의 표면은 마치 인식의 지속적인 진보와 개별적인 진리의 지속적인 증가 및 보다 엄밀한 규정을 보여 주는 듯하다. 개별 과학이 발달함에 따라 여기서 발견된 진리들은 특수화된다. 이 과정의 이면은 다른 모습을 갖고 있다. 곧 개념적 인식의 안정성과 타당성은 새로 발견된 진리가 낡은 진리를 완전히 지양(止揚)하거나 또는 밖으로 밀어냄으로써 사라져 버린다. 끊임없이 바뀌는 과학적 인식의 구조에서는 다른 진리가 정상에 오르고, 한편 이 전의 진리는 물러난다. 그래서 인식의 과정이 역동적(力動的)이며 가변적인 것이 되면 될수록 진보는 새로운 진리의 획득일 뿐 아니라, 동시에 낡은 진리의 포기이기도 하다는 이해에 도달하게 된다.

사유는 '탈한계'되고, 그때그때 당장 타당한 것은 운

동이 방금 도달한 단계이며, 이 단계는 내일은 이미 뒤로 밀려날 수 있는 것이라고 우리는 말했다. 사유의 긍정적인 한계를 찾으려는 모든 노력은 성공하지 못한 것 같다. 이러한 노력의 최대 성과, 곧 인식의 절대적 한계에 대한 칸트의 이론도 1세기 또는 1세기 반 동안 지속되었을 뿐 더 이상 지속되지 못했다.

마지막으로 이러한 과정에서 무제약적(無制約的)·불변적(不變的)·항구적(恒久的) 진리라는 오래 전부터의 진리 표상(眞理表象)은 의심스러운 것이 된다. 모든 과학이 종전과 다름없이 진리란 일의적(一義的)이며 증명될 수 있는 것이어야 한다는 장을 고수함에도 불구하고 도처에서 진리는 진리가 의존하고 있는 일정한 전제조건 밑에서만 성립된다는 지식이 더욱 강화되었다. 근대 수학(數學)의 공리적 진리이론(眞理理論)은 이 점을 이렇게 표현한다. 곧 방법적 체계에 있어서의 그때그때의 진리의 타당성은 그 진리의 기초가 되고 있는 공리의 타당성에 의존하는 것이다.

이와 같은 근대적 사유는 전적으로 운동·진보·진리의 새로운 획득이라는 입장에 서기 때문에 영원히 침범할 수 없는 진리라는 개념은 몰락한다. 이러한 사유가 특히 수학과 자연과학에 있어서 작업적(作業的) 사유로 되면 될수록 인식의 도구적 성격이 전면에 드러난다. 과학은 영원히 타당한 이론으로부터 이론적 운동 및 실제적 논리의 도구가 되는 것이다.

이것은 현대의 특징이다. 오늘날 과학자들이 품고 있는 확신은 그들이 그들의 사유에 의해 언제나 올바른 길을 찾을 수 있다는 신념에 근거를 두고 있다.

실제에 있어서 기술과 과학의 기술적 형태가 행위의 담지자(擔持者)로서 명시되는 한편, 이론적 측면에서는 대립적으로 분리되는 진리라는 특징—이 특징은 변함없이 유지되는 것 같다—이 나타난다.

확실히 헤겔도 이러한 사실을 알고 있었다. 그는 이러한 사실을 파악하고 체계화하고자 한다. 그가 발전시킨 변증법적 방법의 출생 장소 및 출생 시간도 이 점에 있는 것이다. 헤겔의 변증법은 바로 역사적 운동을 하나의 공식, 곧 운동을 '전체'로 보는 공식으로 묶어 두려는 노력이다. 헤겔이 이러한 공식으로 운동 자체를 파악했다고 억측했다면, 이 공식은 마치 시계의 태엽을 멈추게 할 수 있는 것과 같은 것임을 알 수 있다. 이와 같은 생각에 도달하여 너무 기쁜 나머지 그는 '덮개가 없는 진리', 아니 자연과 유한한 정신의 창조에 앞서 있는 신의 나타남을 파악할 수 있다고 믿고 싶었던 것이다.

그는 오늘의 현실에 있어서의 전체는 내일의 전체가 아니라는 것을 잊고 있었다. 헤겔을 추종하면서, 마르크스는 고찰의 입장을 바꾸자마자, '전체'가 어떻게 달라지며 진리와 변증법적 운동이 어떻게 달라지는가를 보여 준다.

오늘날 변증법적 사유는 광범한 의미에 있어서 현실이 되고 있다. 따라서 인류를 수세기 전부터 사로잡고 있는 탈한계적 진보의 독특한 운동은 이 운동이 놓여 있던 박명(薄明)으로부터 벗어난다. 탈한계적 진보의 운동은 그 자체가 명백해졌고, 체계적 방법으로 구성되었다. 이 운동이 어디로 갈 것인가는 우리는 알지 못한다. 우리는 비록 전체의 공식을 알고 있다 하더라도 내일은 이 전체가 어떻게 보일 것인지를 알지 못하기 때문이다.

그러나 한 가지 점만은 분명해졌다. 곧 변증법이 어떠한 의미에 있어서든 방법으로서 인정되는 곳에서는 서양의 사유에 대해 특징적이었던 진리 표상이 반드시 위기에 봉착하게 된다. 종전의 타당하던 진리 개념 대신에 확실히 오래 전부터 준비되어 오던 다른 진리 개념이 등장한다. 진리는 이미 일의적이며 항구적인, 따라서 절대로 확실한 소여(所與)가 아니고, 진리는 조작(操作)될 수 있는 정도에 따라 나타난다. 이러한 진리 개념은 이미 현대의 방법적 사유의 근저를 이루고 있으며, 이러한 진리 개념은 조작된 지식으로서의 기술에 훨씬 분명하게 나타나 있고, 또한 이제 변증법에 있어서 전능적(全能的)인 것이 되었다.

우리가 여기서는 진리의 전체로서, 운동으로서 그리

고 단계로서 파악된다고 한다면, 앞서 분석한 변증법적 진리 개념의 특징을 반복하는 데 지나지 않을 것이다. 그런데 이러한 특징의 배후에는 또 하나의 비판적인 징후가 있다. 곧 진리는 방법적·객관적 분석에 의해 획득되는 일의성이 아니고, 오히려 '진리'는 일의성에 이르도록 조작되는 이의성(二義性)인 것이다.

그러면 이것은 무엇을 뜻하는가? 변증법적 및 조작적 진리의 기술은 어떠한 현상이든 언제나 움직이고 있는 전체의 한부분이기 때문에, 즉목적(卽目的)으로나 대목적(對目的)으로나 어떤 현상이 일의적으로 해석될 수 없다는 것을 가르치고 있다. 어떤 현상이든 그것이 결과로서 파악될 때, 참되고 또 그 후속자(後續者)가 인식될 때에는 참되지 못한 것이 된다. 어떤 것이 참되고 또는 참되지 못한가 하는 것은 전체의 시점(視點)으로부터만 다만 해명된다.

예전부터 역설에 사용되었던 기술도 동일한 것이다. 소크라테스가 '나는 무지하다는 것을 알고 있다.'고 말할 때 우리는 그의 지식에 찬성할 것인가, 반대할 것인가를 선택하지 않으면 안 된다. 모든 크레타 사람은 거짓말을 한다는 크레타 사람의 발언에 직면하며 우리는 이 말을 참되지 못한 것으로 받아들일 것인가를 선택해야 한다. 실제적인 결정은 역설적 사실로부터 획득되는 것이 아니라, 상위의 전체에 의해 획득되는 것이다. 그러므로 진리는 전제된 전체의 내부에서 진리로서 조작되는 것이다.

따라서 어떤 것을 참 또는 거짓이라고 결정하는 힘은 전제되어 있는 전체에 속해 있다. 그러므로 현재의 진리는 안전한 정신이라는 헤겔적 관점에서 보는가, 또는 마르크스가 생각한 바와 같이 불완전한 인간사회라는 관점에서 보는가에 따라 다르게 보인다. 이러한 관찰형태는 각기 변증법이나, 각기 다른 전체에 따라서 조작되는 것이다.

진리는 변증가에게 있어서는 아프리오리(a priori)하게 주어진 것이 아니라 방법적으로 확인된 인식이다. 방법은 변증가에게 있어서는 확고부동한 등급(等級)으로 이끌어 주는 길은 아니다. 방법은 변증가에게 있어서는 생기(生起)의 운동을 따라가며, 이 운동을 추구하고 이 운동으로부터 진리를 연역(演繹)해 내는 이론적 및 실천적 조작이다.

여기에 변증법적 사유의 진리에 대한 정당한 요구가 제기된다. 변증가는 예로부터 연관(聯關)의 일의성에 근거를 두어 왔던 진리를 발견할 수는 없으나, 그는 장차 다가올 바로 다음의 진리로서, 객체(客體)의 운동으로부터만이 아니라 주체(主體)의 운동으로부터도 나오는 진리를 확인하고자 한다.

이러한 의미에 있어서 우리들의 현재의 지식 수준으

로는 일의적 형태로 시동(始動)시킬 수 없는 사건을 미리 규정하고 또한 그러한 사건을 인식한다는 것은 가능한가? 사람들은 이 물음에 대해 여러 가지 다른 관점으로부터 대답하지 않을 수 없을 것이다. 앞에서 고찰한 바와 같이 변증법적 방법은 그 대표자들이 생각하는 바와 같이 단일한 것은 결코 아니다.

헤겔과 마르크스는 변증법적 방법을 신뢰했을 뿐만 아니라, 변증법적 방법은 바로 보편적 도구라고 생각했다. 이들의 손에서 사실상 변증법적 방법은 거대하고 구성적인 사유의 도구임이 입증되었으나, 개별화되어 사용될 수 있는 수단임이 입증되지는 않았다. 더 나아가 헤겔과 마르크스는 처음부터 그때그때의 전체를 바로 도그마로 확정해 놓았으며, 따라서 본질적으로는 가변적인 변증법이라는 도구가 그들의 손에서는 독단적으로 사용되었다는 점도 명백하다. 이렇게 되면, 오늘날의 공산주의에서 볼 수 있는 바와 같이 변증법은 억센 평이성(平易性)을 보여 줄 수 있다는 것이 확실히 입증된다.

그렇지만 모든 변증가들은 그들의 사유를 통해서 다른 방식으로는 발견되지 않았던 사실들을 찾아내고 설명할 수 있었다는 것도 분명하다. 우리는 언제나 헤겔의 저술 또는 마르크스의 ≪자본론≫에 대해 반대를 제기하고자 하지만 헤겔이나 마르크스는 각기 오직 그들만이 줄 수 있는 통찰을 우리에게 남겨 놓았다는 점도 부인할 수 없다. 이미 역설적 표현에 나타난 바와 같은 변증법적 사유의 '개시적(開示的)' 성격, 불확실한 사실들을 파악하고 어떤 현상의 이의성과 양면성(兩面性)을 보여 주는 그 능력만이 변증법적 사유에 권리를 부여하는 것이다.

역설과 역설적 익살은 마치 사실들을 부동(浮動) 상태에 놓인 것처럼 만들고 나서, 독특한 방법으로 사실들을 논증한다. 동일한 능력이 변증법적 사유에도 속해 있다. 변증법적 사유는 변증법의 비판적 형태—너무 구성적이며, 흔히 조잡한 처리 방식을 피하고 기술적·비판적 처리 방식이 되도록 하기 위해 변증법적 사유를 구성적·독단적 성격을 갖지 않는 도구로 만드는—를 생각하게 한다.

변증법적 사유에 대한 최종적인 판결은 아직 내려지지 않고 있다. 변증법적 사유는 아직도 진리와는 아주 정확하게 일치하지 않는 구성적·보편적 사유의 테두리 안에서 움직이고 있다. 그러나 사람들이 어떠한 진리 개념을 컨트롤하려면 끊임없이 노력하지 않는 과학적 사유란 존재하지 않는 것이다. 변증법이 지식의 도구로서 유지되고 또 더 발전해 나아가고자 하는 한 변증법도 이러한 요구로부터 벗어나지는 못할 것이다.

주

1. 키에르케고르 《일기》
2. 트렌델렌부르크 《논리연구》
3. 굼플로비츠 《인종투쟁》
4. 하이데거 《형이상학이란 무엇인가》
5. 헤겔 《현상학》
6. 헤겔 《논리학》
7. 헤겔 《현상학》
8. 헤겔 《논리학》
9. 헤겔 《논리학》
10. 칼 마르크스 박사학위 논문
11. 마르크스 《헤겔 법철학비판》
12. 헤겔 《현상학》
13. 헤겔 《현상학》
14. 헤겔 《현상학》
15. 헤겔 《현상학》
16. 헤겔 《철학 엔치크로페디》
17. 헤겔 《논리학》
18. 키에르케고르 《일기》
19. 헤겔 《현상학》
20. 니체 전집 3권 및 10권
21. 엥겔스, 마르크스 《신성가족》
22. 마르크스 《경제학비판》
23. 헤겔 《역사철학 강의》
24. 마르크스 《경제학비판》
25. 헤겔 《법철학》
26. 하르트만 《독일관념론철학》
27. 마르크스 《경제학비판》
28. 키에르케고르 《철학적 단편(斷片)에 대한 비학문적 후서(後書)》

옮긴이 약력

고려대 대학원 졸업
고려대 문과대학 전임강사역임

역　서
니체 《차라투스트라는 이렇게 말했다》
라이히 《의식혁명》
러 셀 《행복의 정복》
아우렐리우스 《명상록》
드레이 《역사철학》
기타

변증법이란 무엇인가 〈서문문고245〉

개정판 인쇄 / 1996년 6월 10일
개정판 발행 / 1996년 6월 20일
글쓴이 / 로베르트 하이스
옮긴이 / 황 문 수
펴낸이 / 최 석 로
펴낸곳 / 서 문 당
주소 / 서울시 마포구 성산1동 20—12호
전화 / 322—4916~8 팩스 / 322—9154
등록일자 / 1973. 10. 10
등록번호 / 제13-16

초판 발행 : 1976년 8월 10일　* 잘못된 책은 바꾸어 드립니다

서문문고 목록

001~303
◆ 번호 1의 단위는 국학
  ◆ 번호 홀수는 명저
  ◆ 번호 짝수는 문학

001 한국회화소사 / 이동주
002 헤세 단편집 / 헤세
003 고독한 산책자의 몽상 / 루소
004 멋진 신세계 / 헉슬리
005 20세기의 의미 / 보울딩
006 가난한 사람들 / 도스토예프스키
007 실존철학이란 무엇인가 / 볼노브
008 주홍글씨 / 호돈
009 영문학사 / 에반스
010 쯔바이크 단편집 / 쯔바이크
011 한국 사상사 / 박종홍
012 플로베르 단편집 / 플로베르
013 엘리어트 문학론 / 엘리어트
014 모음 단편집 / 서머셋 모음
015 몽테뉴수상록 / 몽테뉴
016 헤밍웨이 단편집 / E. 헤밍웨이
017 나의 세계관 / 아인스타인
018 춘희 / 뒤마피스
019 불교의 진리 / 버트
020 뷔뷔 드 몽빠르나스 / 루이 필립
021 한국의 신화 / 이어령
022 몰리에르 희곡집 / 몰리에르
023 새로운 사회 / 카아
024 체호프 단편집 / 체호프
025 서구의 정신 / 시그프리드
026 대학 시절 / 슈토름
027 태초에 행동이 있었다 / 모로아
028 젊은 미망인 / 쉬니츨러
029 미국 문학사 / 스필러
030 타이스 / 아나톨프랑스
031 한국의 민담 / 임동권
032 비계 덩어리 / 모파상
033 은자의 황혼 / 페스탈로치
034 토마스만 단편집 / 토마스만
035 독서술 / 에밀파게
036 보물섬 / 스티븐슨
037 일본제국 흥망사 / 라이샤워
038 카프카 단편집 / 카프카
039 이십세기 철학 / 화이트
040 지성과 사랑 / 헤세
041 한국 장신구사 / 황호근
042 영혼의 푸른 상흔 / 사강
043 러셀과의 대화 / 러셀
044 사랑의 풍토 / 모로아
045 문학의 이해 / 이상섭
046 스탕달 단편집 / 스탕달
047 그리스. 로마신화 / 벌핀치
048 육체의 악마 / 라디게
049 베이컨 수상록 / 베이컨
050 미뇽레스코 / 아베프레보
051 한국 속담집 / 한국민속학회
052 정의의 사람들 / A. 까뮈
053 프랭클린 자서전 / 프랭클린
054 투르게네프단편집 / 투르게네프
055 삼국지 (1) / 김광주 역
056 삼국지 (2) / 김광주 역
057 삼국지 (3) / 김광주 역
058 삼국지 (4) / 김광주 역
059 삼국지 (5) / 김광주 역
060 삼국지 (6) / 김광주 역
061 한국 세시풍속 / 임동권
062 노천명 시집 / 노천명
063 인간의 이모저모 / 라 브뤼에르
064 소월 시집 / 김정식
065 서유기 (1) / 우현민 역
066 서유기 (2) / 우현민 역
067 서유기 (3) / 우현민 역
068 서유기 (4) / 우현민 역
069 서유기 (5) / 우현민 역
070 서유기 (6) / 우현민 역
071 한국 고대사회와 그 문화
 / 이병도
072 피서지에서 생긴일 / 슬론 윌슨

서문문고목록 2

073 마하트마 간디전 / 로망롤랑
074 투명인간 / 웰즈
075 수호지 (1) / 김광주 역
076 수호지 (2) / 김광주 역
077 수호지 (3) / 김광주 역
078 수호지 (4) / 김광주 역
079 수호지 (5) / 김광주 역
080 수호지 (6) / 김광주 역
081 근대 한국 경제사 / 최호진
082 사랑은 죽음보다 / 모파상
083 퇴계의 생애와 학문 / 이상은
084 사랑의 승리 / 모옴
085 백범일지 / 김구
086 결혼의 생태 / 펄벅
087 서양 고사 일화 / 홍윤기
088 대위의 딸 / 푸시킨
089 독일사 (상) / 텐브록
090 독일사 (하) / 텐브록
091 한국의 수수께끼 / 최상수
092 결혼의 행복 / 톨스토이
093 율곡의 생애와 사상 / 이병도
094 나심 / 보들레르
095 에머슨 수상록 / 에머슨
096 소아나의 이단자 / 하우프트만
097 숲속의 생활 / 소로우
098 미을의 로미오와 줄리엣 / 켈러
099 참회록 / 톨스토이
100 한국 판소리 전집 / 신재효, 강한영
101 한국의 사상 / 최창규
102 결산 / 하인리히 빌
103 대학의 이념 / 야스퍼스
104 무덤없는 주검 / 사르트르
105 손자 병법 / 우현민 역주
106 바이런 시집 / 바이런
107 종교론.국민교육론 / 톨스토이
108 더러운 손 / 사르트르
109 신역 맹자 (상) / 이민수 역주
110 신역 맹자 (하) / 이민수 역주
111 한국 기술 교육사 / 이원호
112 가시 돋힌 백합 / 어스킨콜드웰
113 나의 연극 교실 / 김경옥
114 목녀의 로맨스 / 하디
115 세계발행금지도서100선 / 안춘근
116 춘향전 / 이민수 역주
117 형이상학이란 무엇인가 / 하이데거
118 어머니의 비밀 / 모파상
119 프랑스 문학의 이해 / 송면
120 사랑의 핵심 / 그린
121 한국 근대문학 사상 / 김윤식
122 어느 여인의 경우 / 콜드웰
123 현대문학의 지표 외 / 사르트르
124 무서운 아이들 / 장콕토
125 대학·중용 / 권태익
126 사씨 남정기 / 김만중
127 행복은 지금도 가능한가 / B. 러셀
128 검찰관 / 고골리
129 현대 중국 문학사 / 윤영춘
130 펄벅 단편 10선 / 펄벅
131 한국 화폐 소사 / 최호진
132 사형수 최후의 날 / 위고
133 사르트르 평전 / 프랑시스 장송
134 독일인의 사랑 / 막스 뮐러
135 사서삼경 입문 / 이민수
136 로미오와 줄리엣 / 셰익스피어
137 햄릿 / 셰익스피어
138 오델로 / 셰익스피어
139 리어왕 / 셰익스피어
140 맥베스 / 셰익스피어
141 한국 고시조 500선 / 강한영 편
142 오색의 베일 / 서머셋 모옴
143 인간 소송 / P.H. 시몽
144 불의 강 외 1편 / 모리악
145 논어 / 남만성 역주
146 한여름밤의 꿈 / 셰익스피어
147 베니스의 상인 / 셰익스피어
148 태풍 / 셰익스피어
149 말괄량이 길들이기 / 셰익스피어

서문문고목록 3

150 뜻대로 하셔요 / 셰익스피어
151 한국의 기후와 식생 / 차종환
152 공원묘지 / 이블린
153 중국 회화 소사 / 허영환
154 데미안 / 헤세
155 신역 서경 / 이민수 역주
156 임어당 에세이선 / 임어당
157 신정치행태론 / D.E.버틀러
158 영국사 (상) / 모로아
159 영국사 (중) / 모로아
160 영국사 (하) / 모로아
161 한국의 괴기담 / 박용구
162 윤손 단편 선집 / 윤손
163 권력론 / 러셀
164 군도 / 실러
165 신역 주역 / 이기석
166 한국 한문소설선 / 이민수 역주
167 동의수세보원 / 이제마
168 좁은 문 / A. 지드
169 미국의 도전 (상) / 시라이버
170 미국의 도전 (하) / 시라이버
171 한국의 지혜 / 김덕형
172 감정의 혼란 / 쯔바이크
173 동학 백년사 / B. 윔스
174 성 도밍고성의 약혼 / 클라이스트
175 신역 시경 (상) / 신석초
176 신역 시경 (하) / 신석초
177 베를렌느 시집 / 베를렌느
178 미시시피씨의 결혼 / 뒤렌마트
179 인간이란 무엇인가 / 프랭클
180 구운몽 / 김만중
181 한국 고사조사 / 박을수
182 어른을 위한 동화집 / 김요섭
183 한국 위기(圍棋)사 / 김용국
184 숲속의 오솔길 / A.시티프터
185 미학사 / 에밀 우티쯔
186 한중록 / 혜경궁 홍씨
187 이백 시선집 / 신석초
188 민중들 반란을 연습하다
   / 귄터 그라스
189 축혼가 (상) / 샤르돈느
190 축혼가 (하) / 샤르돈느
191 한국독립운동지혈사(상)
   / 박은식
192 한국독립운동지혈사(하)
   / 박은식
193 항일 민족시집 / 안중근외 50인
194 대한민국 임시정부사 / 이강훈
195 항일운동가의 일기 / 장지연 외
196 독립운동가 30인전 / 이민수
197 무장 독립 운동사 / 이강훈
198 일제하의 명논설집 / 안창호 외
199 항일선언·창의문집 / 김구 외
200 한말 우국 명상소문집 / 최창규
201 한국 개항사 / 김용욱
202 전원 교향악 외 / A. 지드
203 직업으로서의 학문 외
   / M. 베버
204 나도향 단편선 / 나빈
205 윤봉길 전 / 이민수
206 다니엘라 (외) / L. 린저
207 이성과 실존 / 야스퍼스
208 노인과 바다 / E. 헤밍웨이
209 골짜기의 백합 (상) / 발자크
210 골짜기의 백합 (하) / 발자크
211 한국 민속약 / 이선우
212 젊은 베르테르의 슬픔 / 괴테
213 한문 해석 입문 / 김종권
214 상록수 / 심훈
215 채근담 강의 / 홍응명
216 하디 단편선집 / T. 하디
217 이상 시전집 / 김해경
218 고요한물방아간이야기
   / H. 주더만
219 제주도 신화 / 현용준
220 제주도 전설 / 현용준
221 한국 현대사의 이해 / 이현희
222 부와 빈 / E. 헤밍웨이
223 막스 베버 / 황산덕
224 적도 / 현진건

서문문고목록 4

225 민족주의와 국제체제 / 힌슬리
226 이상 단편집 / 김해경
227 상락신앙 / 강무학 역주
228 굿바이 미스터 칩스 (외) / 힐튼
229 도연명 시전집 (상) / 우현민 역주
230 도연명 시전집 (하) / 우현민 역주
231 한국 현대 문학사 (상) / 전규태
232 한국 현대 문학사 (하) / 전규태
233 말테의 수기 / R.H. 릴케
234 박경리 단편선 / 박경리
235 대학과 학문 / 최호진
236 김유정 단편집 / 김유정
237 고려 인물 열전 / 이민수 역주
238 에밀리 디킨슨 시선 / 디킨슨
239 역사와 문명 / 스트로스
240 인형의 집 / 입센
241 한국 골동 입문 / 유병서
242 토마스 울프 단편선 / 토마스 울프
243 철학자들과의 대화 / 김준섭
244 파리시절의 릴케 / 버틀러
245 변증법이란 무엇인가 / 하이스
246 한용운 시전집 / 한용운
247 증론송 / 나아가르쥬나
248 알퐁스도데 단편선 / 알퐁스 도데
249 엘리트와 사회 / 보트모어
250 O. 헨리 단편선 / O. 헨리
251 한국 고전문학사 / 전규태
252 정을병 단편집 / 정을병
253 악의 꽃들 / 보들레르
254 포우 걸작 단편선 / 포우
255 양명학이란 무엇인가 / 이민수
256 이육사 시문집 / 이원록
257 고시 십구수 연구 / 이계주
258 안도라 / 막스프리시
259 병자남한일기 / 나만갑
260 행복을 찾아서 / 파울 하이제
261 한국의 효사상 / 김익수
262 갈매기 조나단 / 리처드 바크
263 세계의 사진사 / 버먼트 뉴홀
264 환영(幻影) / 리처드 바크
265 농업 문화의 기원 / C. 사우어
266 젊은 체녀들 / 몽테를랑
267 국가론 / 스피노자
268 임진록 / 김기동 편
269 근사록 (상) / 주희
270 근사록 (하) / 주희
271 (속)한국근대문학사상 / 김윤식
272 로렌스 단편선 / 로렌스
273 노천명 수필집 / 노천명
274 콜롱바 / 메리메
275 한국의 연정담 / 박용구 편저
276 심현학 / 황산덕
277 한국 명창 열전 / 박경수
278 메리메 단편집 / 메리메
279 예언자 / 칼릴 지브란
280 충무공 일화 / 성동호
281 한국 사회풍속야사 / 임종국
282 행복한 죽음 / A. 까뮈
283 소학 신강 (내편) / 김종권
284 소학 신강 (외편) / 김종권
285 홍루몽 (1) / 우현민 역
286 홍루몽 (2) / 우현민 역
287 홍루몽 (3) / 우현민 역
288 홍루몽 (4) / 우현민 역
289 홍루몽 (5) / 우현민 역
290 홍루몽 (6) / 우현민 역
291 현대 한국시의 이해 / 김해성
292 이효석 단편집 / 이효석
293 현진건 단편집 / 현진건
294 채만식 단편집 / 채만식
295 삼국사기 (1) / 김종권 역
296 삼국사기 (2) / 김종권 역
297 삼국사기 (3) / 김종권 역
298 삼국사기 (4) / 김종권 역
299 삼국사기 (5) / 김종권 역
300 삼국사기 (6) / 김종권 역
301 민화란 무엇인가 / 임두빈 저
302 건초더미 속의 사랑 / 로렌스
303 야스퍼스의 철학 사상
　　/ C.F. 월레프